Viver Sem Estresse
Autor: Lauro Trevisan.
Lançamento: 2 novembro 2008. Feira do Livro de Porto Alegre.
Capa: Andrey Lamberty.

EDITORA DA mente

Editora e Distribuidora da Mente Ltda
Caixa postal 559
97015-663 Santa Maria – Rs – Brasil
Fone: (0xx)55 3223.0202
Fax: (0xx) 55 3221.71.84
Email: mente@laurotrevisan.com.br
Autor: laurotr@uol.com.br
Site: www.editoradamente.com.br

Lauro Trevisan

VIVER sem estresse

Editora da Mente – Santa Maria - Brasil

***

...Nesses momentos, seu coração degusta passagens da vida, percorre com asas doiradas caminhos já andados, sente o mistério da felicidade, e seu corpo se inunda de endorfinas, que fazem você estremecer de prazer.

Não conte isso a um estressado, se não quer ouvir palavras com sabor de terremoto. O estressado não degusta coisa nenhuma. Tudo entra e sai como num funil enferrujado. Impossível a degustação. Dê uma taça de vinho ao estressado e vê-lo-á sorver tudo num golpe seco...

***

***

- Ei!

- Não me amole, estou muito ocupado.

- Ei!

- Pare de encher. Quem é você ?

- Deus.

- Bobagem tem hora. Eu aqui suando que nem desgraçado e você brincando de Deus?! Se não tem o que fazer, não faça aqui! – xingou ele, mal-humorado.

- Ei!

- De novo?! Diga lá o que quer e não me perturbe mais.

- Vim buscá-lo.

- Hoje não tenho tempo pra nada. Não posso ir a lugar nenhum. Tenho compromissos até a ponta dos cabelos.

- Vim buscá-lo, ouviu bem?

- Claro que ouvi. Não sou surdo. Quem é você, seu chato de galocha?

- Deus.

- Vai ser idiota para outro lado! Deus não atravessa a nossa atmosfera. Está sentadinho no seu trono. Fala logo o que quer, que estou aqui preocupado com meus projetos e não tenho tempo a perder.

- Sou Deus, vim buscá-lo.

- Deus de coisa nenhuma! Você é um mala!

- Sou Deus, já disse. Vim buscá-lo.

- Olha, se repetir de novo, eu quebro sua cara. Qual é o problema, diga logo.

- Você vai morrer agora. Acabou. Tem cinco minutos para partir. Já estou esperando.

- Olha, se você é Deus – desafiou-o o homem – estoure um raio aqui.

O estrondo foi ensurdecedor.

- Calma! – tremeu o homem. – Eu estava só brincando.

- Mas eu não estou brincando. Quatro minutos.

O homem compreendeu a situação e ficou apavorado.

Reclamou:

- Deus, por favor, me dá mais um tempo. Estou cheio de compromissos inadiáveis. Muito trabalho. Tenho que resolver negócios. Agora não é possível. Espere mais uns anos. Tenha paciência!

- Três minutos.

O homem começou sentir falta de ar. Forte dor no lado esquerdo. O coração fraquejando. O enfarte chegando aceleradamente.

- Deus, tenha dó. Ainda não desfrutei a vida. Sequer pude pensar em mim. Nunca tirei férias. Não tive tempo para passeios. Nem rezar me foi possível, tão assoberbado estava. Assim, de repente, é injusto!

- Dei-lhe todos esses anos de vida. Sc não aprovcitou para ser feliz, que é que posso fazer?

- Mais um tempinho!

- Dois minutos. O relógio infinito é inexorável.

- Pelo menos mais dois dias.

- Não.

- Um dia?! Um diazinho apenas! Tenho que retirar o dinheiro do banco, cobrar quarenta duplicatas, fazer o testamento, encaminhar os negócios.

- Viu só? Dinheiro, duplicatas, testamento, negócios! Que lhe aproveita isso? Se ainda fosse pedir um tempinho para ser feliz, amar, abraçar os amigos, derramar o carinho que nunca teve tempo de dar. Mas, não, dinheiro, negócios, coisas e mais coisas. Já está escrito. Um minuto.

- Nem um dia mais?

- Para quê? Diga-me: para quê?

- Ora, quero aproveitar a estação final. Para quem é dono do tempo, não é pedir muito, com certeza.

- Meu caro, se você não aproveitou até agora, não será hoje que o fará. Basta somar os dias de estresse e depressão perdidos na cama, sem ânimo, com vontade de morrer, e concordará que não tem motivos para exigir mais nada. Cada dia desperdiçado é anotado lá em cima, não sabia?

- Espere um pouco, sempre me disseram que Deus é complacente, generoso, e agora vem aí, sem mais nem menos, meter a mão no meu pescoço? Isso não condiz com sua boa fama!

- Sou tudo isso e muito mais. Dei-lhe cinquenta e cinco anos de vida, pus amor e felicidade no seu coração, sorriso no seu rosto, palavras de paz e alegria nos lábios, luz no seu espírito, coloquei-o num mundo feito a capricho para encantar os seus dias, aproximei de você pessoas amorosas e amigas, povoei de sonhos sua alma. Que você fez disso? Para quê você quer mais? Acabou. É a Lei. Ponto final.

- Calma. Por que, pelo menos, não me avisou em tempo?

- Não avisei? Como não?! Quantas vezes o deixei de cama? Quantas vezes o adoeci para repensar a vida e mudar de atitude? Quantas vezes o mandei ao hospital? Quantas vezes pedi ao cardiologista para avisá-lo de que corria risco de enfarte? Quantas notícias publiquei em jornais e tevês sobre a morte repentina de pessoas como você? E vem me dizer que não lhe avisei?

O homem já não tinha fôlego. Os olhos arregalados, a respiração confusa, o coração em pânico. O colapso. Um arranco. Silêncio de morte.

No enterro, uma legião de amigos, empresários, banqueiros, herdeiros, políticos, faziam apologia de um grande homem que serviu ao progresso da humanidade, mas que morreu cedo demais.

- Que pena que ele não se cuidava! – comentavam à boca pequena.

- Sempre em atividade, compromissos até as goelas, batalhador incansável! – dizia sua secretária.

- Em casa – explicava a esposa – era aquele vai e vem relâmpago: banho, troca de roupa, saída às pressas. Não sei nem se ele conseguiu ver os filhos crescerem.

A amiga concordava:

- É verdade. Sempre correndo atrás da máquina, num estresse que dava dó.

- Ultimamente – completava a esposa – já andava se queixando de cansaço anormal, falta de atenção, insônia. O coração dava alguns sinais de alerta. Mas o homem não tinha tempo para nada, muito menos para cuidar da saúde.

- Meus pêsames! – apresentou-se, compungido, o Dr. Nicole Somer. – Eu o alertei várias vezes para moderar a vida, fazer alguns passeios, turismo, descanso, mudança de ares, mas ele era renitente. Achava que não podia abandonar o escritório, nem ficar longe dos negócios, nem deixar de comparecer às solicitações sociais e filantrópicas. Deu no que deu.

O sacerdote abriu as páginas de um livro de capa preta e disse em tom eclesial:

- Senhor, tem piedade deste teu filho, perdoa seus erros, e dá-lhe o descanso eterno!

- Descanso que não se deu durante a vida! – murmurou seu médico a um amigo.

- Pois é – respondeu o colega – se tivesse harmonizado melhor sua vida, hoje poderia estar noutro lugar!

E o sacerdote continuava:

- Acolhe-o na sua morada celestial, como gesto do teu amor infinito. Amém.

O povo foi se retirando, às pressas, pois perder duas horas de trabalho é perder dinheiro.

O Dr. Nicole pôs a mão no ombro do amigo e cochichou:

- Faltaria só colocar, no túmulo dele, a inscrição: "Aqui jaz um valente homem-bomba explodido pelo TNT do estresse".

1

Deguste a vida

Degustar a vida, que expressão celestial!

Degustar é sentir o todo na boca.

Degustar a vida é sentir o todo no coração. Você já degustou um beijo? Uma relação? Uma palavra carinhosa? Já sentiu um sorriso com sabor de chocolate? E aquele abraço inesquecível, delicioso como ceia francesa à luz de velas? Lembra aquela troca terna de olhares que você degustou como um vinho reserva cabernet sauvignon envelhecido em barril de carvalho? E aquela declaração de amor que foi emergindo suave como réstia de luar?

Degustar a vida é espairecer à sombra de um bosque, em gramado à beira de um lago, sob as árvores de uma praça, ao som da cascata de uma floresta, à beira de um rio cantarolante, nas areias de uma praia.

Nesses momentos, seu coração degusta passagens da vida, percorre com asas doiradas caminhos já andados, sente o mistério da felicidade, e seu corpo se inunda de endorfinas que fazem você estremecer de prazer.

Não conte isso a um estressado, se não quer ouvir palavras com sabor de terremoto. O estressado não degusta coisa nenhuma. Tudo entra e sai como num funil enferrujado. Impossível a degustação. Dê uma taça de vinho ao estressado e vê-lo-á sorver tudo num golpe seco. Como pode uma pessoa agoniada, acelerada, inquieta, sentir a delícia de um vinho de casta nobre? Não há como sentir o perfume apessegado, o toque aveludado, o colorido diáfano, a transparência enluarada, o fundo amadeirado, a maciez do paladar, o sabor sutilmente frutado, quando tudo submerge garganta abaixo num único sorvo! Oferecer um prato da mais alta culinária portuguesa a um estressado é o mesmo que colocar uma cristaleira na carroceria de um velho caminhão.

O estressado tem olhos diferentes. Não vê uma criança. O que ele vê é um bicho chato, impertinente, chorão. Não ouve Beethoven, apenas o barulho irritante de um alemão que não tinha o que fazer. Não consegue assistir até o fim a uma peça teatral, sua mente está irritada diante de um bando de palhaços falando baboseiras. Num shopping, o estressado não passa de elefante pisando taças de cristal.

O estressado está longe da vida.

Mas, sempre é tempo. A vida está aí de braços abertos esperando o estressado arrependido e lúcido, disposto a usar óculos cor-de-rosa.

2

Viver a vida exige sabedoria

O escritor irlandês Oscar Wilde, (1854-1900), tem uma frase muito significativa: "Viver é a coisa mais rara do mundo. A maioria das pessoas apenas existe".

Há uma boa dose de razão em Wilde. Viver é raridade. Grande parte dos indivíduos apenas existe, ou mal e mal se aguenta, ou delira, ou perde a cabeça, ou corre feito mosca tonta, ou desaba no abismo.

O professor Luiz Marins, conhecido conferencista brasileiro, escreveu: "Em geral, as pessoas morrem em torno dos trinta anos e são sepultadas por volta dos setenta. Leva quarenta anos para os outros perceberem que aquela pessoa está morta".

A dificuldade da percepção está no fato de as pessoas continuarem a correr desabaladamente rumo ao colapso.

Enquanto correm, se consideram vivas. Automóvel também corre e não tem vida.

Viver a vida exige sabedoria.

O que determina sua vida é a maneira como você pensa, não o depósito bancário. A sabedoria milenar da bíblia já ensinava essa verdade: "Pois ele é tal qual seus pensamentos". Descobrir essa verdade não é para qualquer vivente.

Quer mudar de vida? Quer ser feliz, saudável, próspero? Mude seu padrão de pensamentos e crenças.

Por certo, você tem absoluta convicção de que está agindo como o comum dos mortais. Nada fora dos padrões atuais. Nem por isso significa que esteja certo. Seu método de vida não fica sacramentado pelo fato de que age como todos os que vivem ao seu redor. Nem seus antepassados são necessariamente paradigmas de bem-viver, por mais cantados em prosa e verso que sejam.

Tive um colega muito admirado por sua dedicação, responsabilidade e espírito de doação. Levantava com as galinhas, como se diz, rezava sua missa ainda na madrugadinha, tomava rápido seu café e partia para o trabalho. Nos domingos, ao invés do lazer, ia para o interior fazer atendimento religioso. Não tirava férias, queixava-se de pressão alta e outros pormenores, mas nada que o fizesse mudar de atitude. Certo dia, sugeri-lhe que reservasse para si os domingos a fim de descansar, passear, liberar as tensões do dia-a-dia, que não eram poucas. Primeiramente, minha idéia soou como escândalo ao seu devotamento. Retomado o assunto bastante tempo depois, me contou que no fim do mês iria desfazer-se dos compromissos de domingo. Não deu tempo, um fulminante enfarte levou-o à sepultura.

Quando Jesus disse que o espírito é forte, mas a carne é fraca, poucos entenderam que o espírito e a mente têm o poder de criar grandiosos ideais e dar-se a voos sublimes, mas o corpo tem seu ritmo que precisa ser respeitado. O descaso do corpo chama-se estresse.

Você cuida do seu carro, da sua roupa, da sua casa, dos espetos do churrasco, quanto mais deve cuidar de si mesmo. Lembre-se que seu corpo não é descartável. Será seu companheiro de todos os instantes até a última viagem. Vale a pena dar atenção a ele.

Você é o centro do seu universo. Seria martelar o óbvio dizer-lhe que, se você não existe, o resto não conta. Como brincava um amigo meu: "Viva a vida enquanto estiver vivo!" Se os mortos pudessem falar, o mundo estaria cheio de: "Ah, se eu..."

Sempre que possível, acalme seu ritmo, dê-se mais tempo, consiga fixar-se em alguma leitura amena sem olhar dez vezes para o relógio. O relógio, invenção tão benfazeja quanto tirana! Quem não é escravo do relógio?

Tem gente tão estressada que, quando senta, parece estar sobre espinhos: não aguenta dez segundos. Os estressados são assim. Pensam que o mundo vai acabar daqui a três minutos.

Minha avó já dizia que calma e caldo de galinha não fazem mal a ninguém.

3

Caminho e caminhos

Victor Frankl, (1905-1997), psiquiatra, foi sobrevivente dos campos de concentração da última guerra. Disse ele, certa vez, que "nossa missão na vida não é algo que inventamos, mas que detectamos. A missão está ali, esperando a realização" – completou ele.

São inúmeras as pessoas que não sabem o que fazer e nem que rumo dar à vida. Há vestibulandos que não identificaram a carreira, adultos ainda à procura do seu lugar, gente madura quc vivc pulando dc galho cm galho. Isto significa que não detectaram a própria missão. Ainda não acertaram o caminho.

Há os que acreditam que a vida vai acontecendo aleatoriamente e procuram administrá-la do jeito que podem, mudando rotas sempre que necessário, às vezes dando tiro no escuro, para usar a velha expressão.

A ser verdade o que diz Victor Frankl, o caminho já existe. Tudo está em encontrá-lo e percorrê-lo.

Como encontrar o caminho?

Simplesmente analisando os dons pessoais, os desejos emergentes, as tendências prazerosas, os afazeres e atividades que se encaixam na vontade incontida de concretizá-los.

Aproveite o lazer das férias, as horas que passa em comunhão com seus próprios pensamentos, para deixar que surjam informações indicativas da sua caminhada existencial.

Todo caminho percorrido agradavelmente, positivamente, alegremente, com otimismo e entusiasmo, indica que é o seu caminho.

Seu caminho é viver contente.

Viver contente é ter saúde.

Acima de tudo, use o holofote do amor para encontrar seu destino.

Uns se utilizam da lanterna do dinheiro, outros da fama, outros do poder. Há aqueles que traçam a vida consoante as exigências dos compromissos. Certas pessoas seguem a trilha da doação a uma causa. Só há, no entanto, um meio de viver a vida com sabedoria: focando a si mesmo, a vida, as atividades, os projetos, os passos, com o holofote do amor. Se você fizer o que ama, baterá infalivelmente à porta do sucesso. E Deus sorrirá de satisfação. Porque você chegou à essência. Fundiu sua luz na Luz. Iluminou-se e iluminou o mundo.

Resta assinalar que o amor não estressa. Sua essência é energia sublimada e prazenteira.

Não poderia deixar de dizer-lhe que o descaminho nunca leva ao caminho. Pensar o contrário é erro fatal. Há mentes malformadas que entendem que o mal possa produzir o bem. Não imaginam que existem Leis universais que repõem todas as coisas em seus devidos lugares. Aqui nessa vida. Concordo com o escritor e pensador James Allen: "Sobre o portal da eternidade está inscrita, em letras flamejantes, a Lei: "O que o homem semeia, aquilo colherá, e ninguém a ela escapa." (Da Pobreza ao Poder). São poucos, no entanto, os que acreditam nessa verdade. Dão com a cabeça na parede, se machucam, e não sabem porquê. Ignoram que o descaminho é sempre fator altamente estressante, como subir escada-rolante em sentido contrário.

Vá pelo caminho e seus dias serão agradáveis, prósperos e saudáveis.

4

Seu estilo de vida

Há meses, recebi um e-mail com este título: “Doze Conselhos Para Ter um Infarto Feliz”. Consta como autor o Dr. Ernesto Artur, cardiologista. Muita gente tirou imenso proveito dos conselhos e tratou de reorientar a vida.

Os doze conselhos para ter um infarto feliz são esses:

1 – Cuide do seu trabalho antes de tudo. As necessidades pessoais e familiares são secundárias.

2 – Trabalhe aos sábados o dia inteiro e, se puder, também aos domingos.

3 – Se não puder permanecer no escritório à noite, leve trabalho para casa e trabalhe até tarde.

4 – Ao invés de dizer não, diga sempre sim a tudo

que lhe solicitarem.

5 – Procure fazer parte de todas as comissões, comitês, diretorias, conselhos, e aceite todos os convites para conferências, seminários, encontros, reuniões, simpósios, etc.

6 – Não se dê ao luxo de um café da manhã ou uma refeição tranquila. Pelo contrário, não perca tempo e aproveite o horário das refeições para fechar negócios ou fazer reuniões importantes.

7 – Não perca tempo fazendo ginástica, nadando, pescando, jogando bola ou tênis. Afinal, tempo é dinheiro.

8 – Nunca tire férias, você não precisa disso. Lembre-se que você é de ferro.

9 – Centralize todo trabalho em você, controle e examine tudo para ver se nada está errado. Delegar é pura bobagem; é tudo com você mesmo.

10 – Se sentir que está perdendo o ritmo, o fôlego, e pintar aquela dor de estômago, tome logo estimulantes, energéticos, antiácidos. Eles vão deixá-lo tinindo.

11 – Se tiver dificuldades em dormir, não perca tempo: tome calmantes e sedativos de todos os tipos. Agem rápido e são baratos.

12 – E, por último, o mais importante: não se permita ter momentos de oração, meditação, audição de uma boa música, e reflexão sobre sua vida. Isto é para crédulos e tolos sensíveis. Repita para si: Eu não perco tempo com bobagens. (3.07.2008).

Muita sabedoria e humor nesses doze passos para

celebrar um indesejável infarto. Eu poderia até acrescentar o 13º item: "Já que você conseguiu ganhar bastante dinheiro, não deixe problema para ninguém: compre o seu caixão e encoste-o ao lado do cofre". Mas, não olhe para o ataúde, do contrário ficará decepcionado, pois notará, com surpresa, que o caixão não tem gaveta. Onde você colocará o capital conseguido com essa correria desbragada? Em todo caso, se console: os amigos poderão dar-lhe o título de "o homem mais rico do cemitério".

É bom observar que ninguém está recomendando que fique em casa dormindo ou tire duas férias de seis meses por ano.

Nos doze itens, são apontados os exageros mais comuns praticados por pessoas inteligentes, porém dominadas pela ambição, pelo perfeccionismo e por equivocada filosofia de vida.

Conheço amigos que não conseguem dizer não às enxurradas de convites para palestras, encontros, seminários, reuniões partidárias, eventos, formaturas, aniversários, lançamentos, inaugurações. Acabam sufocados e sem tempo para nada.

O médico, lá pelas tantas, chama a atenção para aqueles que buscam refazer a perda de energia, ou conter os efeitos do estresse, com calmantes, antiácidos, energéticos, estimulantes, soníferos. São produtos emergenciais e não método de vida. Faça um exame com médico, psicólogo, nutricionista, fisioterapeuta, e eles lhe apontarão os caminhos da qualidade de vida. Processos-tampões resolvem por certo tempo, depois produzem rombo pior.

O último item é admirável. Poucos estudiosos consideram relevante dedicar momentos diários à oração, à meditação e à mentalização. Campeia ainda a mentalidade de que isso é coisa de conventos, sem significado para a saúde e menos ainda para a prosperidade. A maioria das pessoas sabe que a oração positiva traz paz de espírito, eleva a mente a um Ser Amoroso que pode ajudar a resolver crises, dificuldades e enfermidades. Além disso, toda oração reflete fé e confiança, fatores altamente antiestressantes e extremamente benéficos à saúde. Mais adiante falarei sobre esse tema.

TESTE RÁPIDO PARA SABER SE VOCÊ É ESTRESSADO E WORKAHOLIC

Estudo feito pela OPC constatou que os workaholics apresentam 14 sintomas principais. Para saber se você corre o risco de estar entre eles, faça esse teste: mais de 70% de respostas afirmativas o colocam no rol dos workaholics. E eu lhe passo o diploma de estressado e candidato prioritário a um belo enfarte:

1) Trabalha mais de onze horas diárias por mais de trinta dias seguidos?
2) Almoça trabalhando?
3) Não tira férias de vinte dias há anos?
4) Sente que não rende o suficiente?
5) Está sempre insatisfeito?

6) Deixa de ser convidado para reuniões sociais?
7) Avalia as pessoas apenas pelo êxito na profissão?
8) Trabalha pelos colegas?
9) Fora do expediente, o assunto que lhe vem à mente é o trabalho?
10) Acha que trabalha mais que os outros?
11) Prefere trabalhar sozinho e não em equipes?
12) É perfeccionista?
13) Trabalha aos sábados?
14) Fala ao telefone por mais de uma hora por dia?

Se você disse sim a pelo menos sete quesitos, pare um pouco e reflita sobre o significado da sua vida. Você estará depredando seu corpo, desperdiçando alegria e felicidade, sua família estará se ressentindo demais com sua ausência, os amigos desaparecerão, o álcool e o cigarro, quando não as drogas, estarão acenando tentadoramente para usá-los como meio de relaxar, e você estará perdendo o melhor da vida. Nesse caso, bendiga aos céus, porque esse livro será mão estendida para você.

5

Receita de qualidade de vida

Viver sem estresse significa ter qualidade de vida. Hoje, todo mundo se dá conta de que é essencial ter qualidade de vida. É tema por demais badalado. Mas, para boa parte das pessoas, fica o dito pelo não dito e tudo continua como dantes no quartel de Abrantes.

Muita gente interpreta qualidade de vida como algo bonito de dizer, mas fora do alcance, tipo ópera musical, literatura clássica, pico do Everest, caminho de Santiago de Compostela. Coisas requintadas, dignas de consideração, mas sem interesse prático. Estamos, no entanto, falando de algo de suma importância.

Qualidade de vida não é preciosismo dispensável, ou assunto para mais tarde, quando você tiver tempo de se cuidar um pouco mais e puder dar mais atenção à saúde.

Qualidade de vida é fundamental para todas as idades.

Lembre-se que o futuro é a resposta do presente. Você será amanhã o que for hoje. Melhorado ou piorado, de acordo com seu estilo de vida. Não vá chegar aos cinquenta anos mais roto que os dez mandamentos.

As pessoas previdentes reconhecem que a idosidade, (neologismo meu), só será maravilhosa com qualidade de vida.

Envelhecer em plena forma não é loteria. É resultado da Lei de causa e efeito. O Mestre já dizia que não se colhem figos de abrolhos e nem se vindimam uvas de espinheiros. Querer melhorar o corpo quando estiver no bagaço não seria o mesmo que pretender tirar leite de vaca morta?

Sim, estou ouvindo você dizer que ter qualidade de vida é renunciar às coisas boas, seguir regime monástico, amaldiçoar o uísque, a cerveja e o vinho, fazer cara feia para o chocolate, comer verduras e legumes ao meio-dia e legumes e verdura no jantar. Ledo engano. Qualidade de vida, pelo contrário, é desfrutar os prazeres da vida não só até os cinquenta anos, mas além dos noventa.

Muitos pensam que a idade é roteiro fatal para uma velhice alquebrada. Nada disso. Conte a idade pela luz energética da mente e não pela soma cronológica dos anos. Já diziam os sábios que juventude é estado de espírito. Quem gosta de velhice é queijo e vinho tinto. Promova sua eterna juventude, cuidando do corpo e principalmente mantendo a mente alegre, positiva, tranquila, confiante, espiritualizada e feliz.

Tem aquela piada do homem que foi consultar e o médico avisou-o:

- Para chegar aos cem anos, você deve evitar bebida, cigarro, sexo e tudo que engorda.

- Nesse caso – respondeu o homem – para que chegar aos cem anos?

Se você me perguntar qual é a receita de qualidade de vida, dir-lhe-ei que é um composto vital de alegria, saúde, felicidade, amor, paz, bem-estar, prosperidade e crença em Deus.

Vamos decompor as propriedades?

Vida alegre – é resultado de bom humor, positivismo e otimismo. Bom humor carrega em seu bojo a energia do altoastral, da risada, da gargalhada, da brincadeira, do espírito esportivo.

Saúde - nada mais é que interação perfeita entre corpo-mente-coração-espírito. Mente e corpo saudáveis darão resposta prazerosa às solicitações humanas. Para ajudar o corpo a manter-se jovem e funcionando em plena forma, é de praxe ouvir também os entendidos, ou seja, os médicos, e fazer os exames laboratoriais de tanto em tanto, conforme a idade.

Amor – é emoção positiva, luz, energia vital, sentimento delicioso, belo relacionamento. O amor flui da mente e do coração para o corpo. O corpo é reflexo da mente. Quando o corpo dança, beija, abraça, sorri, canta, é seu coração que o faz. Deixe o seu coração fluir, brincar, cantar, soltar-se. E você será feliz e saudável. Sem estresse.

Jiddu Krishnamurti, (1895-1986), filósofo e místico indiano, escreveu: "No momento em que tiveres em teu coração essa coisa extraordinária chamada amor e sentires a sua profundidade, o seu prazer, o seu êxtase, descobrirás que para ti o mundo se transformou".

Paz – expressa a mente liberta, autoconfiante, serena, desapegada, desobsessionada, desfixada. Significa a saúde da mente. E a saúde da mente faz a saúde do corpo. A paz é poderoso antídoto contra o estresse.

Felicidade – traduz a harmonia do ser humano em si mesmo – corpo, mente, coração, espírito – e na sua relação íntima com a humanidade, o universo e Deus.

Não posso deixar de citar aqui um lindo texto que colhi de Jack Lawson: "Existe um estado de felicidade serena, próximo da beatitude, no qual uma maravilhosa sensação de alegria parece subir por nossas costas e afundar-nos em um gozo suave e delicado. Ficamos emocionados então com a vida, sentimos que formamos parte de um todo e que estamos em comunicação com este todo. Ainda mais, sentimos que todos somos um, que nossos semelhantes são iguais a nós e que, por esta simples razão, devemos amá-los, e assim estamos amando a nós mesmos. Estamos com a alma tomada de uma misteriosa sensação de felicidade e plenitude, estamos eufóricos". (ENDORFINAS – A droga da felicidade).

Bem-estar – ocorre quando a pessoa se sente satisfeita física, material, mental e espiritualmente. Invertendo a palavra, significa estar bem. Bem-estar é mente ensolarada, coração navegando em águas amorosas, o corpo reagindo saudavelmente, as finanças caminhando equilibradas, os projetos em bom andamento, enfim a vida pintada de arco-íris.

Prosperidade – tem a ver com o êxito nos projetos e nas condições materiais desejadas. Pessoa próspera é pessoa satisfeita economicamente, que tem o suficiente, mas segue com seu empreendimento a todo vapor. A prosperidade tem o tamanho que cada um traçar, portanto varia de indivíduo para indivíduo.

Eis aí uma síntese da receita para uma vida com qualidade.

Muitos confundem qualidade de vida com férias, churrasco, sombra e água fresca. Pensam mais ou menos como o sujeito da história, que escrevi, faz um bom tempo. Já que o humor é ingrediente de qualidade de vida, passo o caso a você.

***

TELEVISÃO E PIPOCA

"Pois o homem entrou de férias e resolveu ficar em casa. Entre quatro paredes. Turismo doméstico. Divertindo-se entre pratos de pipoca e televisão. Para ele, pipoca e tevê iam melhor que viagem a Paris com escala em San Remo. Às vezes, ficava tão afoito, na frente daquela coisa, que apertava o controle remoto da pipoca e comia o botão da tevê. Todo santo dia a telinha fervia de tanto funcionar. Os locutores de noticiário já estavam de língua de fora e o homem não desligava aquele trambolho nem para atender aos compromissos inadiáveis do seu corpo.

Também, ele estava de férias, ora essa! Além do mais, ninguém tinha nada que ver com a vida dele. A não a ser a mulher que, vez por outra, xingava o vivente mandando fazer qualquer coisa. Mas era sempre a mesma dupla: televisão e pipoca, pipoca e televisão.

No outro dia, apareceu o cunhado para convidá-lo a uma pescaria.

- Dá pra levar pipoca e televisão?

- Lá não tem luz - respondeu o cunhado.

- Então, negativo. Pode se mandar, que o filho do meu pai não entra nessa!

De noite, era aquele frege: a mulher queria ver a novela, a filha estava ligada num seriado e o filho marmanjo só queria coisas de música roqueira. Um arranca-rabo dos diabos! Mas, o homem não perdia a autoridade e nem a televisão: dava a antena para a mulher, o botão do volume para o marmanjo, o transformador 110-220 para a guria e lá ficava ele dono do campinho, senhor paxá das arábias, cacique de três índios.

Um dia, faltou pipoca. Foi um deus-nos-acuda! Deu um faniquito tão sério no homem que, se não importassem pipoca às pressas, ao dólar do câmbio negro, esse câmbio que anda solto por aí, o homem batia as botas, no duro. Mas veio a pipoca e estava salva a pátria.

Quando o padre entrou para benzer a casa, a primeira coisa que o homem pediu foi uma bênção especial para que a tevê também alcançasse vida eterna.

E aquela vez em que a vizinha foi pedir sal, o homem respondeu sem sacar os olhos da tevê:

- Se quer sol, vá à praia!

- Çal, homem de Deus, çal com cecedilha!

- Çal com cecedilha só existe no seu dicionário!

- Então me dá um pouco de banha.

- Não tenho porco de campanha e nem de cidade. Não dá pra ir ver se eu estou lá fora?

- Que homem doido! – resmungou a mulher e foi embora.

- Que mulher chata! – bronqueou ele, irritado por ter perdido trinta segundos de televisão.

Mas, como tudo na vida, as férias acabaram, a pipoca foi para a prateleira, a tevê silenciou, e o homem novamente criou juízo".

***

Será esse o seu conceito de qualidade de vida?

6

Ao pé do ouvido

Muita gente, inclusive você, não dá a mínima para essa coisa insossa chamada estresse. Até não duvido que ande espalhando pelo mundo que estresse é assunto para desocupado. Ou para hipocondríaco. Desocupado é o que não tem nada a fazer, então fica fazendo conversa fiada. Hipocondríaco é aquele sujeito de cara circunspecta e pesada que passa o tempo todo à procura de sinais que lhe indiquem colapso iminente. Se alguém espirra na frente dele, o homem volta para casa apavorado, sentindo prenúncios de pneumonia.

Por falar em hipocondríaco, em 1975 publiquei no meu primeiro livro de humorismo – Enciclopédia Maluca - um texto com o título: O Vendedor de Doenças. É uma homenagem póstuma aos hipocondríacos. Gostaria você de se deliciar com essa brincadeira? Afinal, rir é a melhor forma de desestressar e viver a vida.

***

O VENDEDOR DE DOENÇAS

Escorado no balcão, diz o vendedor de doenças:

- Pois o mundo vai mal, graças a Deus. Com a crise do petróleo e o estouro das Bolsas, o povo prefere ficar em casa curtindo uma gripe ou uma dor de estômago. Algum mais avançadinho chega até a levar uma desidratação para ter o que fazer. Conheci um executivo tão dinâmico que, quando recebeu férias, veio aqui especialmente comprar uma úlcera para se entreter durante o mês, porque a úlcera é que nem passarinho de viveiro: tem que a tratar a leitinho, pão torrado, comida sem sal e outras frescurinhas mais.

- Oi, mau-dia para o senhor!

Era a Genoveva, uma das maiores freguesas da loja, que vinha entrando.

- Oi, mau-dia! Olha, dona Genoveva, acabo de receber algumas novidades.

- É muito bom, porque aquela hepatite que levei há dias, sabe?

- Sim?

- Já melhorei. Era muito ordinária. Vai ver que estava no estoque há muito tempo, porque não durou nem vinte dias. Hoje, não sei se levo uma gastrite ou um tifo importado. Eu gosto de coisas fortes.

- Nós temos algumas promoções. Talvez possam interessá-la. Veja, comprando duas disenterias, leva grátis uma caixa de papel higiênico. Comprando oito resfriados comuns, leva três lenços de brinde. Se comprar uma dúzia de insônias, leva uma coleção de livros e uma lâmpada de cabeceira.

- Isso é porcaria, seu João. Não dura nada. De resfriados, disenterias, insônias, dores de cabeça, já estou até aqui. Não dá nem para começar a gostar. E depois, só de dores de cabeça eu tenho um armário cheio: é dor de cabeça de insolação, de ressaca, de alergia, de nervosismo, de tudo.

- Mas, a senhora já experimentou uma dor de cotovelo?

Dona Genoveva adorou a pergunta. Piscou o olho e cochichou maliciosamente:

- Olha, seu João, não faz nem dois dias. Começou no cotovelo e terminou no coração. Mas era uma dor de cotovelo falsificada, pois o sujeito era daqueles em cima do muro, entende. Na base dos babados e das rendinhas. Tudo terminou quando ele me disse: Vamos curtir uma celulite a dois neste fim de semana?

Seu João olhou para as prateleiras e tomou nas mãos um vidro.

- Esta aqui é uma doença importada. Muito usada por grandes industrialistas. Chama-se Stress.

- Conheço. Meu vizinho aprecia muito. Ele anda sempre dizendo que está com Stress e não quer que ninguém o incomode. Mas eu prefiro uma doença nacional. Afinal, temos que valorizar o que é nosso.

- Por falar nisso, temos aqui Malária do Nordeste e Anemia Mato-grossense. Também recebemos uma partida de Gripe Gaúcha, essa tem desconto especial, está em liquidação. A nova remessa só virá no inverno.

- Isso tudo é coisa manjada, seu João. Eu gosto de curtir algo diferente, como sinusite frontal com dor de ouvido junto; ou dor de garganta com tosse e rouquidão, essas coisas assim mais picantes.

- Falando em tosse, tem saído muita ultimamente. Hoje mesmo vendi sete tosses de cachorro para uma mulher que adora tossir grosso e 44 tosses secas sem expectoração. Um senhor levou 3 dúzias de tosses com rouquidão e bronquite, para um amigo do interior. Depois que foi lançada na televisão a propaganda "Tosse de São João, um tiro de canhão", houve muita procura aqui. No outro dia, apareceu um moço, até de boa apresentação, pois era anêmico, desidratado e hepático, que tinha levado para a curtição de sua lua-de-mel uma dúzia de tosse canina e uma coqueluche estrangeira. Pois ele voltou ontem desesperado, dizendo que estava perdendo o prazer da lua-de-mel. Queria coisa mais forte. Vendi uma dose dupla de garrotilho. Não voltou mais.

- O que é que o senhor tem vendido mais ultimamente?

- Dor de cabeça sai muito. Tem gente que leva de caixa.

- E tem aprovado?

- Em geral, sim. Claro que sempre há reclamações. Hoje de manhã mesmo veio uma senhora devolver um frasco porque tomou dor de cabeça, mas foi o fígado que doeu. Produto deteriorado. Não vou dizer que o tiro saiu pela culatra, porque não saiu por lá.

- Antes que me esqueça, aquele vidro de indisposição geral que o senhor me vendeu na semana passada, sobrou metade. Não aceita de volta?

Seu João coçou o bigode, pensou, e respondeu:

- Não aceito. Mas posso trocar por uma... menopausa com muitos calores.

Genoveva ficou vermelha.

- Mas o que é que vou fazer com a menopausa?

- Ora, dê para sua mãe.

- O senhor é muito vivo, seu João. Fez-me lembrar um tio meu que sofria de pés gelados...

- E o que é que ele fez?

- Comprou a doença-do-fogo.

O vendedor não perdeu a linha.

- Pois é, tem gente assim. No mês passado a dona Emerenciana, conhece a dona Emerenciana?

- Sim.

- Pois a dona Emerenciana veio aqui comprar um remédio para a filha que era muda...

- E o que é que ela levou?

- Bico de papagaio. Ora, cá pra nós: tem gente ignorante, coisa de louco! Imagine que um senhor, de paletó e gravata, veio aqui na farmácia comprar ferro, areia e cimento.

Genoveva não segurou um chiado de horror.

- Credo! E do que é que ele sofria?

- Da coluna.

- E o senhor?

- Eu falei: Meu amigo, deixa sua coluna assim que ela não cai não. Ele não se conformou. Tive que lhe receitar ferrocianeto com terramicina e água quantum súficit potest.

- Pois, se fosse eu, esqueceria a coluna e levava um reumatismo nos braços, um torcicolo no pescoço, uma distensão na coxa, uma fisgada nas pernas e uma gota nos joelhos.

- Claro, o negócio é aproveitar a onda. Por falar em onda, hoje a dona Ciribalda, lá da Vila Botinaço, veio me dizer que vai para as praias e quer levar, para aproveitar bem a temporada, dez enjoos-de-mar, uma insolação, duas queimaduras de segundo grau, uma ressaca, uma alergia de areia e uma alergia de água salgada.

- Puxa, vai bem prevenida!

- É, mas nem tudo corre bem neste ano. Você vê, com essa crise de papel, fiquci com um estoque de 800 diarréias. Claro, por outro lado, têm os dias de vento a favor. Por exemplo, nesta última seca de verão, vendi mais de quinhentas hidropisias, água no joelho como chamam.

- Bem, seu João, eu já vou indo. Me dê uma dor de dente molar para curti-la hoje à noite no circo.

- Olha, ontem esteve aqui o dono do circo. Ele comprou uma helefantíase e uma micose. Mas... já está na hora de ir fechando a farmácia, senão me aparecem uns viciados para complicar a vida.

Genoveva se arrepiou toda.

- Ué?! Tem viciado por aqui?

- Se não! Tem um viciado em ânsia de vômito que é demais. Não deixa do vício nem durante um casamento. Você nunca viu alguém viciado em enxaqueca? Pois tem um que enxaquequeia em toda parte. Ah, já ia me esquecendo, dona Genoveva. Avise o pessoal por aí que recebi doenças de gabarito. Por exemplo, tenho um tipo novo de infarto que é uma beleza. E não tapeiam ele nem com ponte de safena. E não custa essas coisas, não. Agora, a novidade mesmo é a disenteria-de-trem-díesel.

- O que é que ela tem de especial?

- Larga fumaça e faz correr. Mas, com licença, que já vou fechando as portas.

- Então, até amanhã e passe mal.

- Vá com Deus e com uma baita dor de barriga!

***

O estressado, ao contrário do hipocondríaco, não acredita em doença, passa por cima das regras comezinhas que norteiam o equilíbrio entre ação e descanso, saúde e enfermidade, e acha que precisa fazer tudo hoje porque o mundo acabará amanhã.

Dizem eles:

- Gostaríamos de saber o nome do idiota que fala em férias, dar um tempo a si, brincar de viver. No momento em que alguém para, há um bando de acelerados querendo tomar o lugar.

Esses nunca descobriram que correr na vida é chegar mais cedo no céu.

Experimente dar toda máquina no seu caminhão, o dia inteiro, carregando excesso de peso, sem jamais permitir uma paradinha para revisão, troca de óleo e outras necessidades indispensáveis à sobrevivência do carro. Quando você vê, terá que jogar o veículo na sucata. Ou colocar uma placa: "Vendo!" E não se surpreenda se alguém escrever embaixo: "Duvido!"

A questão mais íngreme é esta: conhecer os efeitos do estresse e o caminho que a ele conduz. Há algum navegante deste mundo interessado em saber algo sobre estresse? Para certas pessoas, estresse é a suprema glória. Enchem a boca e proclamam: "Adoeci de tanto trabalhar!" Os devotos do estresse ficam olhando ao redor a ver se não há um andor para colocar esse santo moderno.

Uma vez, sugeri a um amigo que maneirasse um pouco a correria em que se metera, pois já apresentava sinais de estresse.

Ele fez aquele gesto de chateado e exclamou irritadiço:

- Não venha com essa conversa para boi dormir! Deixe-me trabalhar em paz. Não é você que vai pagar minhas contas no fim do mês. Só depois que conseguir o meu milhão é que vou pensar em tirar o pé do acelerador.

E se o enfarte puxar o seu pé do acelerador? E se uma úlcera o empurrar para o consultório médico? E se a memória começar a manquejar e você não souber mais onde meteu a chave do carro, nem onde ficou a caneta, que continua atrás da orelha? E se a insônia atropelar as suas noites e deixá-lo irritado, insatisfeito, escoiceador como cavalo redomão? E, o que é pior, se a performance sexual se for por água abaixo?

Tem gente tão estressada, que faz como aquele português que mantinha um supositório atrás da orelha.

- Oh, Manuel! – exclamou o Joaquim, ao entrar na padaria - por que você tem o supositório atrás da orelha?

- Raios, onde será que meti a caneta? – respondeu o Manuel, preocupado.

No outro dia, encontrei um amigo que não via há muitos anos e fiquei pasmo com seu aspecto decadente, como se um trator tivesse passado sobre sua cara.

Ainda bem que muitas pessoas não veem a realidade no espelho, mas a imagem que querem ver.

Conheci, não faz muito, um senhor de meia-idade, que estava bastante mal: pálido, um tanto encurvado, combalido, andando devagar como quem está procurando o anel perdido. Contou-me que recebeu uma vigorosa chicotada da vida. Jamais imaginara que as correrias e atropelos do seu dia-a-dia fossem resultar num enfarte.

- Concordo que exagerei na dose – confessou-me. - Meu projeto era batalhar a todo vapor, dia e noite, até alcançar um ótimo nível econômico, então separaria tempo para férias, esporte, academia, viagens e curtir os amigos. Chegar em casa antes das dez da noite me parecia perda de tempo e me sentia acometido de complexo de culpa. Com cinquenta e poucos anos de idade, julgava-me imortal. E me acontece isso! É insuportável ver-me assim, trôpego, cambaleante, limitado, eu que pensava ser dono do mundo.

Contei-lhe a história de um amigo que saíra do interior do Rio Grande do Sul para São Paulo, em busca do eldorado. Meteu-se naquela dança frenética da economia: vendas, compras, bancos, celular, internet, móveis, imóveis, um mundo sem fim e sem fundo. Resultado: a duras penas safou-se de um enfarte, que o acometera durante uma reunião de trabalho.

Disse-me ele:

- Você não vai me acreditar, mas celebro cada ano o dia do meu enfarte como o mais importante da minha vida. Por pouco não botei o pé na cova. Aprendida a lição, agora consigo desligar o celular, a televisão, os convites infindáveis, e volto para casa contente, tranquilo, disposto a desfrutar a família, o jantar, a mulher, os filhos. Nos domingos e feriados, faço feriado de verdade. Durmo bem. A vida tem outro sentido. Estou legal.

A vida é uma sábia escola. Mas há tanta gente que não quer aprender as lições. Seja inteligente: por que insistir em cometer velhos e surrados erros quando há tantos erros novos a serem experimentados?

Seja bom observador. Dê uma olhada nas pessoas que vivem ao seu redor e analise como eram, como viviam, qual o estilo de vida, e como são hoje.

A vida é construída conforme os tijolos que cada um vai colocando. Às vezes, é necessário reforçar paredes, trocar material, acabar com os cupins, mudar telhas, substituir o reboco, passar tinta nova, vedar infiltrações, atacar a umidade. Troque as palavras por terminologia medicinal, e a comparação fica mais compreensível.

Um dos maiores destruidores da estrutura humana é o estresse.

Exemplos de pessoas afundadas em estresse pululam por toda parte. Os que sofrem de cegueira mental negam que estejam estressados, tudo não passa de certo nervosismo e falta de memória – dizem eles.

Os que se embrenham de corpo e alma nas confusões e solicitações da vida de hoje, alegam que estão assoberbados de compromissos, dos quais não têm como se livrar. E argumentam que não cumprir contratos e obrigações é impensável e desonesto. Reconhecem que giram numa alucinante roda-viva sem ter como parar. Carregam o sentimento de que se tornaram reféns das exigências modernas. E não mudam.

- O dinheiro está entrando, essa é a meta. À custa de desgastes? Não importa! – dizem eles. - Seja lá como for, o dinheiro é a chave. Depois, com uma boa conta, a gente conserta a casa, toma remédios, faz cirurgias, recupera a pose.

E se, antes de tudo isso, tiver que vestir o paletó de madeira?

Um dia, li essa gloriosa frase, não sei de quem: "Se pode viajar em primeira classe e não o faz, seus herdeiros o farão".

Pense nisso.

7

Imagem de estresse

Numa bela manhã de primavera, encontrei, no aeroporto do Rio de Janeiro, um senhor que havia participado de uma conferência que eu proferira no Hotel Glória. Era pessoa dinâmica, bem-falante, daquelas que não enjeitam desafio nenhum, mesmo que tenham de escalar o pico do Everest ou dar a volta ao mundo em oitenta dias. Não acreditava em estresse, debochava da depressão, e sentia-se dono da bola. Desmoralizava o velho adágio de que devagar se vai ao longe. Acrescentava, com sorriso irreverente, que depressa se vai mais longe ainda. Na visão dele, a um trabalho segue-se outro, quando não vários ao mesmo tempo. Pausa, descanso e intervalo não figuravam no seu dicionário. Expliquei-lhe a lei da alavanca: quanto mais pressão sobre um ponto, mais forte será a reação contrária. Ou, quanto mais tempo uma pessoa permanecer em tensão, mais próxima do estresse estará.

Ele era cheio de vida e não dava a mínima para essa coisa de pressão arterial e estresse. Inclusive misturava alhos com bugalhos sobre o assunto. Fiquei pensando que o pior cego é aquele que não quer ver.

Quando cheguei em casa, por uma dessas coincidências maravilhosas da vida, encontrei um email enviado por meu amigo Bruno Brondani. Em quadros de imagens belíssimas, iluminadas por uma música que há muitos anos tenho guardada no coração como de rara inspiração, havia essa mensagem que muito bem poderia servir para o diálogo com meu amigo do Rio de Janeiro:

"Um conferencista falava sobre gerenciamento de tensão. Levantou um copo com água e perguntou à platéia quanto pesava:

- Quanto vocês acham que pesa este copo com água?

As respostas variaram entre 20 e 50 gramas.

O conferencista então comentou:

- Não importa o peso absoluto. Depende de quanto tempo vou segurá-lo. Se o segurar por um minuto, tudo bem. Se o seguro durante um dia inteiro, você terá de chamar uma ambulância para mim. O peso é exatamente o mesmo, mas quanto mais tempo passo segurando-o, mais pesado vai ficando. Se carregarmos nossos pesos o tempo todo, mais cedo ou mais tarde não seremos mais capazes de continuar, pois a carga vai se tornando cada vez mais pesada. É preciso largar o copo e descansar um pouco, antes de segurá-lo novamente. Temos que deixar a carga de lado periodicamente. Isto alivia e nos torna capazes de continuar. Portanto, antes de você voltar para casa, deixe o peso do trabalho num canto. Não o carregue para casa. A vida é curta, aproveite-a".

Esta a mensagem do email. Infelizmente, não mencionava o autor. Aliás, muitos textos de internet não citam o autor, outros trocam a autoria e não são poucos os que misturam coisa com coisa. Eu mesmo tenho várias mensagens minhas atribuídas a outros autores, algumas citadas parcialmente, outras mescladas com textos de certos pensadores. Dói-me ver mensagens minhas transcritas com grosseiros erros de português, como se eu tivesse desaprendido as regras gramaticais e as conjugações. Mas, essa mensagem que citei tem um profundo significado verdadeiro. Nela está embutida a definição de tensão e estresse.

TENSÃO E ESTRESSE

Tensão ocorre toda vez que a pessoa sofre pressão, mesmo que de poucos segundos, seja mental, emocional, espiritual, ou física. Portanto, tensão faz parte da vida. É o aporte de energia necessária para qualquer eventualidade. Concilia com a lei de ação e reação.

Impossível não haver tensão. Sempre que houver movimento físico, mental, emocional ou espiritual, haverá tensão e o organismo reagirá de acordo, produzindo o hormônio necessário para aquela situação. Um copo com água segurado na mão, por um minuto, produz tensão, mas não estresse. O mesmo copo com água, mantido na mão por um dia inteiro, sem descanso, gerará estresse. Entendeu o que é estresse?

A palavra stress se tornou conhecida medicinalmente na década de trinta, usada, de início, pelo médico endocrinologista canadense Hans Selye, (1907-1992), primeiro pesquisador sério sobre esse problema, que hoje é epidemia global.

Selye dividiu o estresse em três estágios:

Reação de Alarme – o organismo se depara diante de uma situação que lhe aparece como agressiva, ativando de imediato o sistema neuroendócrino, em que as glândulas suprarrenais liberam cortisol, adrenalina e noradrenalina. Os batimentos cardíacos aceleram, as pupilas dilatam-se, aumenta a sudorese e aparece a hiperglicemia, ou seja, há aumento de açúcar no sangue; a digestão é paralisada, o baço se contrai para expulsar mais glóbulos vermelhos, a fim de aumentar o fornecimento de oxigênio aos tecidos, e é interrompida a atividade imunológica, por ação do cortisol.

Imagine alguém caminhando, à noite, numa floresta, naturalmente temeroso, e de repente ouve um ruído estranho. O organismo reage, dá o alarme, e prepara o homem para a luta ou para a fuga.

Reação de Adaptação e Resistência - Como você viu, pela resposta do organismo ao sinal de alarme, a pessoa está preparada para ataque ou fuga. O organismo reagiu adaptando-se à circunstância. Se for necessário contra-atacar, o organismo liberará noradrenalina, o sangue fluirá para os músculos, as plaquetas se multiplicarão para evitar hemorragias, enfim o indivíduo estará em condições de lutar. No caso de fuga, o coração, os pulmões e as pernas recebem atenção maior para a velocidade. E o homem terá o máximo de capacidade de resistência enquanto o perigo e o risco continuarem graças à liberação de adrenalina.

Passado o episódio que exigiu a reação orgânica de autodefesa, tudo volta ao normal, e o organismo recebe ordem para relaxar, reequilibrando, assim, seu funcionamento natural.

O que aconteceu com aquele homem que caminhava na floresta à noite, ao ouvir o ruído estranho? O organismo deu sinal de alarme, preparou-o para a luta ou fuga e, depois, ao perceber que foi apenas um galho que se despencou de uma árvore, houve distensão, desafogo, o coração voltou aos batimentos normais, a adrenalina, ou noradrenalina, foi enxugada, e ele relaxou.

Estágio de estresse - Se a situação de resistência perdurar, o organismo será exigido exaustivamente, sem descanso, e o corpo entrará em esgotamento. Esse estágio é o que chamo de estresse. É a história do copo de água sustentado na mão por um dia inteiro, sem pausa.

Há diversas interpretações para a palavra estresse:

uns dizem que é o resultado de qualquer esforço sobre o corpo; outros apontam como estresse as reações de alarme, adaptação e resistência; outros mais denominam estresse apenas o estágio de exaustão. Eu fico com essa visão.

Minha maneira de situar a questão: toda ação humana, seja física, mental, emocional ou espiritual, gera *tensão,* mas não necessariamente estresse.

Tensão significa tudo que pressiona ou é pressionado. Qualquer coisa que você faça, ou façam a você, obrigatoriamente produz tensão. Portanto, tensão é processo natural, óbvio, pois a vida é movimento. O emprego, assim como o medo de perdê-lo, ou a própria perda do emprego, são fatores de tensão no indivíduo. Raiva, mágoa, ofensa, desamor, criatividade, empurrar carrinho de mão, dirigir automóvel, prestar atenção, perder dinheiro, medos, exames e testes escolares, sempre criam tensão. Normal. Natural. Para que isso aconteça, o organismo, na sua sabedoria inestimável, libera os hormônios condizentes à situação.

Concluído o processo tensivo, ou seja, quando a pessoa para de empurrar o carrinho, ou elimina a mágoa, ou se desfaz da raiva, ou acalma a mente irritada - reverte-se o processo, e ocorre a distensão.

Tensão e distensão formam a gangorra da saúde. Significa que o trabalho deve ser alternado com descanso, agitação fará dueto com calma, ansiedade com paz de espírito, impulso com inércia, pressão com relaxamento, assim por diante.

Diz Hermann Englert, biólogo e jornalista científico,

de Frankfurt, Alemanha, que "um certo nível básico, chamado *stress positivo*, é até desejável, porque nos mantém física e mentalmente prontos para agir bem". (Revista Mente/Cérebro, edição especial n.14/2008).

Prefiro falar em *"tensão positiva"*, sempre benéfica, porque prepara física e mentalmente a pessoa para responder adequadamente às situações estressoras externas. Um barulho, por exemplo, pode ser aceito e suportado por certo tempo. Se continuado, leva ao estresse, que nunca é positivo. Toda tensão intensa e incessante estressa. Daí a necessidade de desligar o sistema tensivo logo após a emergência, para que haja recuperação dos sistemas afetados.

A capacidade de suportar um barulho continuado depende de indivíduo para indivíduo. Da mesma forma, cada pessoa tem a sua maneira própria de administrar relacionamento rompido, afronta sofrida, perda ocorrida. Uns saem de situações conflitantes como heróis dos sete mares, outros afundam.

8

Como reage você a situações estressantes?

Tem você uma avaliação de sua força interior, de sua capacidade de enfrentar situações difíceis?

Resiste bravamente?

Não se perturba?

Tem o condão de levar tudo esportivamente?

Mantém um nível espiritual elevado a ponto de confiar em Deus diante de fatalidades?

Sente-se forte como uma rocha?

É paciente como um frade de pedra?

Julga-se fraco demais?

Ultrassensível?

Pouco resistente?

Perdido em meio à tempestade?

Incapaz de superar problemas?

Sem condições de se adaptar a uma nova realidade?

Tem ideia de quanto tempo leva para se recompor de um tombo, uma ofensa, um fiasco, uma morte, uma injustiça, uma surpresa desagradável, uma perda, um relacionamento desfeito?

Uma profunda autoanálise, ou consulta a psicólogo, poderá dar-lhe a resposta, caso permaneça confuso e aflito.

Lembre-se que nada permanece impune na natureza. E você é natureza humana. Todas as suas atitudes, reações e ações, têm consequências sobre sua vitalidade, saúde e êxito.

Talvez você leia os itens acima e se atire desanimado na poltrona, achando tudo difícil demais.

O negativo diz que a caminhada é longa, os obstáculos são grandes, as tentações de desânimo espiam em cada esquina, não vale a pena ficar matando um leão por dia.

O pessimista está convicto de que não adianta se esforçar, dá tudo errado na mesma. Este segue a famosa lei de Murphy: "Tudo que pode dar errado, vai dar errado". E aí vem aquele monte de exemplos enumerados pelos pessimistas: Todo barbante cortado na medida exata é sempre mais curto. Se você vai abrir a porta com um molho de chaves é sempre a última que abre. Todo molho de tomate em queda livre infalivelmente encontrará uma camisa branca no caminho. Seja qual for a fila que você escolhe, será sempre a mais demorada. Se você ganhar dez milhões na loteria, esqueça, que é trote. Não importa que época você escolhe para viajar de férias, será o período mais chuvoso do ano. Se o telefone toca, você não tem caneta para anotar; se tem caneta, não tem papel; se tem papel e caneta, o telefone não toca.

O folgado conclui que o mais prático é deixar a vida levar e seja o que Deus quiser.

Os desanimados reclamam que tudo é tão difícil, tão difícil! Parecem aquela senhora que, ao perguntar-lhe como estava a vida, me respondeu: "Não está fácil, além disso está difícil!"

Antes do mais, é fundamental saber que algo é difícil para quem acha que é difícil. O que sua mente consciente cria, seu subconsciente realiza. Há muitos anos, li, de Émile Coué, (1857-1926), psicoterapeuta e farmacêutico francês famoso: "Sempre que for fazer algo, pense que é fácil, porque, se pensar que é difícil, seu subconsciente cumprirá para que seja difícil". (O Domínio de si mesmo pela Autossugestão).

Não olhe o lado escuro, não perca tempo somando os "não" da vida, não avalie os problemas todos de uma só vez.

Esta é a hora de "parar, olhar, escutar". Tudo é mais simples do que você supõe.

Só existe o problema porque existe a solução e esta é bem fácil. Basta que você use a cabeça, já que ela não existe apenas para segurar o chapéu.

Certa vez, uma rã de estimação caiu num buraco e o garoto apelou para o pai, a mãe, o empregado, e ninguém conseguiu retirar a rã do buraco. Apareceu o garoto filho do vizinho, inteirou-se do caso, pegou um balde com água, despejou-a no buraco e a rã subiu com a água. Solução simples, porém não percebida pelos adultos.

Às vezes, um Pai-nosso silencioso, ou um sorriso, podem desfazer situações extremamente complicadas. Volto a repetir que não são os acontecimentos que fazem a sua vida, mas a sua atitude diante dos acontecimentos. Para os inteligentes, positivos e otimistas, não resta dúvida de que, após a tempestade, sempre vêm os mais lindos dias de sol. Infelizmente, há ignorantes que não saem da tempestade. São aqueles que se fixam apenas na desgraça. Ficam se queixando da porta fechada e nada fazem para abrir outra porta.

Quer ver uma mensagem bem simples, mas que merece sua consideração? Vou dar-lhe aqui o que colhi de email, faz poucos dias:

"A situação existe, mas sofrer com ela pode ser escolha sua.

Se o dinheiro está curto... sorria! O sorriso atrai prosperidade.

Se está havendo conflitos na família... sorria! O sorriso dissolve energias pesadas.

Se o progresso parece lento... sorria! O sorriso abre portas para novas possibilidades.

Se alguns amigos o desapontam... sorria! O sorriso é um ímã para novas amizades.

Se a saúde não está bem... sorria! O sorriso fortalece as defesas do corpo.

Se a idade o preocupa... sorria! O sorriso emite a luz da jovialidade.

Se a solidão aparece... sorria! O sorriso conquista boas companhias.

Se você está sem amor... sorria! O sorriso o torna mais atraente.

Há momentos em que realmente não dá para sorrir. Nesses momentos, sorria para Deus: Ele há de retribuir seu sorriso!"(Autor desconhecido, realização do Grupo Semente de Luz).

Aí tem você uma receita para os momentos complicados. Pode ser que você vire a cara, resmungue meia dúzia de palavrões e saia achando que ninguém entende o tamanho da sua cruz. Muito bem, não se afobe, vamos devagar com o andor, que o santo é de barro, diz o ditado. Não custa estender a reflexão. Siga-me, por favor.

TENSÕES SOMADAS = ESTRESSE

Muitos ficam tensos, ansiosos, quando começam a dirigir carro, quando fazem a primeira partida como profissionais de futebol, quando têm que declamar o primeiro discurso, quando assinam contrato milionário, quando leem em público, quando são questionados na aula. Outros encaram tudo com naturalidade. As tensões não são prejudiciais, a não ser quando somadas, continuadas, persistentes, sem dar chance ao organismo de relaxar. O que para uns tem cara de leão, para outros não passa de borboleta. Conheci uma senhora que preferia capinar na roça a ler uma oração aos fiéis, na igreja, tamanho o pavor que a acometia.

Você conhece jovens que enfrentam uma montanha-russa, ou um brinquedo radical com o maior prazer, outros morrem de medo. Há aqueles que são metidos a valentes, mas na hora agá roem a corda. Dizem: "Eu não acredito em bruxas, mas que existem, existem!"

Onde está a diferença? No carro? No discurso? No futebol? No brinquedo radical? Ou na pessoa?

É claro que a diferença está na pessoa. Na pessoa. Já falei de que não é o fato, em si, que age no ser humano, mas a interpretação do mesmo. Epíteto, (55-135), filósofo grego, estoico, que viveu a maior parte da sua vida em Roma, dizia que a felicidade e a realização pessoal são consequências naturais de atitudes corretas. Afirmou ele: "O que perturba o espírito dos homens não são os acontecimentos, mas o julgamento que fazem a respeito dos mesmos".

Você é o que pensa, o que acredita, o que imagina.

Diz o Dr. Márcio Santos Moreira que, "conforme a conduta, as pessoas são noradrenérgicas, adrenérgicas ou colinérgicas.

Noradrenérgico é o indivíduo que, diante dos problemas, se mostra agressivo. Trata de eliminar os fatores externos problemáticos para que deixem de ser focos de estresse.

Adrenérgico é aquele que costuma hesitar diante de acontecimentos estressantes. O medo o impede de decidir ou tomar atitudes, tornando-o impotente, inerte, perplexo. Para dar conta dos problemas, acaba procurando alguém que o proteja e o ajude a resolvê-los. Seu comportamento é de fuga, o que no sistema nervoso autônomo é mediado pela adrenalina.

Colinérgico é o que não se deixa abater pelo estresse ambiental. Parece privilegiado pelo neuro-hormônio acetilcolina, de efeitos tranquilizantes".

O que importa, no nosso caso, é saber que o ser humano, na sua verdadeira dimensão tem capacidade de superar todas as dificuldades e viver feliz, saudável, harmonizado, não importando seu temperamento, tendências, educação e traumas de infância.

Talvez agora você se pergunte se está estressado ou quais os sintomas que possam avisar que há estresse à vista.

Veja algumas manifestações físicas e psicológicas indicativas: sudorese, extremidades frias, batimento cardíaco mais acelerado, pressão arterial aumentada, azia, enxaqueca, doença de pele, insônia; vazio interior, aperto no peito, angústia, ansiedade, voracidade ou falta de apetite, irritabilidade constante, deficiência de concentração e de memória, impaciência e inquietação constante. Mas, não são apenas esses os sintomas de estresse e nem todos esses sintomas significam necessariamente estresse.

Não queira viver no limite. Busque o eixo central da sua vida, aquele estado harmônico, feliz, agradável, sereno, alegre e jovial.

Veja aqui algumas maneiras simples de superar situações estressoras:

1 – Afaste o fato de si: veja-o à distância e não incrustado em seu ser. Quanto mais você aproximar uma pedrinha dos seus olhos, maior parecerá o tamanho da pedra.

2 – Dê ao obstáculo apenas o seu devido tamanho. Quem tem medo, sempre aumenta. Para o medroso, um besouro toma a configuração de um elefante. É melhor exagerar para menos a ferocidade do bicho, se for o caso, pois assim parecerá inofensivo e sem poder sobre você.

3 – Aprenda sobre o fato, pois a ignorância é a mãe dos males. Quanto mais analisar o evento, maior será seu domínio sobre ele.

4 – Aproveite o conhecimento de outras pessoas que já vivenciaram o acontecimento. Se dois indivíduos trocarem pão entre si, cada um irá para casa com um pão. Se, porém, trocarem conhecimentos, cada um sairá com a soma dos aprendizados de ambos. O inteligente aproveita seus conhecimentos, o sábio tira partido também dos conhecimentos dos outros. Como dizia Plauto, (250-184AC), considerado o maior comediógrafo da Roma antiga: “Feliz o homem que sabe adquirir experiência com os erros dos outros”. Concluo com um provérbio do Azerbaijão: “Não é preciso cair do telhado para saber o

que acontece".

5 – Treine. Faça experiências. Uma coisa é dirigir carro pela primeira vez, outra coisa é tomar a direção após muito treinamento: tudo se torna mais fácil e automático. O filósofo Epíteto, há pouco citado, disse: "Se pretendes fazer alguma coisa, transforma em hábito a tua pretensão".

6 – Tire proveito dos erros. Vá em frente, sem medo de errar. Errar é humano, diz a sabedoria. Quem nunca errou, nunca fez nenhuma descoberta, nada acrescentou à sua vida e à humanidade. Erre à vontade, mas aprenda com os erros.

7 – Acredite que pode. Se os outros podem, você também pode. Não se diminua. Não se estresse. Não siga os que puxam para baixo. Não entre na onda daqueles que querem ver a sua caveira. A fé move montanhas – dizia o Mestre.

O ser humano tem como base existencial quatro pilares: sabedoria, para criar e discernir; liberdade, para escolher; poder, para realizar; felicidade, como estado de ser.

Primeiro acontece o ato criador mental, depois o fato. A palavra é a substância, o acontecimento decorrente é a forma. Pensamento e matéria são verso e reverso da mesma verdade. Sem poder, a criatura humana seria inimaginável. Um blefe. Metade do zero. Aceite que pode e faça a sua vida conforme seus sonhos.

8 - Mentalize. Use a imaginação. Imaginar é criar. Criar é ser. Encontre espaços vagos de tempo, relaxe, respire

calmamente várias vezes, e mentalize o que deseja.

A vida moderna inunda de solicitações as pessoas. E se você deseja acompanhar o ritmo do mundo, as ideologias pressionantes, os apelos dos veículos de comunicação, e as exigências que a moda e os modismos impõem, terá que se haver com muito dinheiro, salões de beleza, cosméticos rejuvenescedores, tênis de marca, roupas de grife, trabalho de alta renda, casa, móveis e carros de status, viagens turísticas, aquisição de produtos recém-lançados no mercado, uso atualizado de alta tecnologia – e isso demanda esforços quase sobre-humanos, renda próxima das estrelas, tempo sem fim e sem descanso, correria desenfreada.

Como você já sabe, tudo vai desembocar no funil do estresse. E o pior é que o estresse praticamente apaga e anula o que você conseguiu a ferro e fogo. Você se desgasta para ter dinheiro, depois gasta o dinheiro para se recuperar do desgaste. Ter dinheiro sem poder desfrutá-lo, de que vale? O grande Mestre já alertava, há dois mil anos, que vale mais a vida que qualquer outra coisa.

Eis o que importa: viver a vida. Sem estresse.

O mundo é uma gangorra, é alternância, é dualidade: ao dia sucede-se a noite, à tensão sucede-se a distensão, ao trabalho sucede-se o descanso, à alimentação sucede-se a digestão, ao dever cumprido sucede-se o lazer. O rompimento dessa ordem acarreta desarmonia, prejuízo, disfunção.

Quando o esforço não cede ao descanso, surge o estresse.

Quando à tristeza não sobrevém a alegria, ocorrerá a depressão.

Quando o luto não é superado pela motivação pessoal, o resultado é a enfermidade.

Quando o barulho não é substituído pelo silêncio que apazigua, o corpo e a mente explodem.

O equilíbrio é a fonte da harmonia e a harmonia é a causa do bem-estar.

Em meio às atividades, aos compromissos, às refregas do dia, impõe-se a pausa que refaz.

Se a balança da vida não voltar ao normal, teremos problemas pela frente. É bom ficar de olho.

9

Acontecimentos estressantes

Certa vez, uma senhora tentou convencer-me de que a vida não é controlável e que, mesmo sem querer, ficamos à mercê dos acontecimentos.

- Há situações – dizia ela – que fogem ao nosso domínio e que são extremamente estressantes, como a morte de um familiar, a perda do emprego, um prejuízo financeiro, uma calúnia...

Respondi-lhe:

- Os acontecimentos, em si, não são estressantes, mas a maneira como são encarados é que pode ser estressante. Um fato doloroso pode gerar tristeza, dor, aflição. Estas são reações emocionais, que, por sua vez, agem sobre o organismo, provocando consequências momentâneas.

Estamos diante de tensões. Se você souber administrar o episódio em estado de paz de espírito, equilíbrio, ponderação e espiritualidade, não haverá estresse. Há pessoas que mantêm a paz, a serenidade e a fé diante de qualquer evento. Outras, entretanto, desabam, gritam, se desesperam, perdem a cabeça, querem morrer, e não conseguem superar a debacle mental. Conheço outro tipo de indivíduos que, diante de dramas existenciais, caem no fundo do poço e perdem a vontade de viver.

Todas essas pessoas estão, por exemplo, vivendo o mesmo drama, mas cada uma reage de modo diferente. A causa é a mesma, mas os efeitos estressantes se manifestarão de acordo com a reação de cada qual.

Numa tarde de verão, após conversa com um grupo de ouvintes, um deles me afiançou que sentia os efeitos do estresse, embora não tivesse ocorrido nenhuma desgraça na sua vida.

Lembrei-me de um artigo que havia escrito para um jornal, tirei cópia e dei-lhe, pedindo que meditasse. Que dizia a crônica? Quer saber? Pois bem, então leia:

***

O PINHEIRO DA FLORESTA

"Havia um grande pinheiro na floresta. Dominava sobranceiro sobre todas as demais árvores. Resistia valentemente às tempestades, enfrentava vendavais, aparava golpes de raios fulminantes e era idolatrado pelas árvores do seu meio.

Certa vez, no entanto, apareceu um enxame de insetos vorazes, que foram corroendo diariamente o poderoso tronco, até que um dia a árvore desabou.

Fiquei olhando aquele pinheiro seco, descabelado, inerme, e recordei, com saudade, os bons tempos em que sobressaía sobre a mata.

Uma lição existencial – pensei.

Às vezes, ocorrem grandes borrascas na vida, morte de algum ente querido, separação, fracasso, falência, doença séria, e a gente supera tudo heroicamente.

Mas, surgem os pequenos problemas de cada dia e você fica nervoso, tenso, inquieto.

A vida está repleta de rotinas chatas, levemente irritantes. Por exemplo, você acorda de manhã, vai tomar café e esqueceram de comprar pão. Você se aborrece. Desce à garagem e é justamente a última chave do molho que abre a desgraçada da porta. Olhou para o carro e notou uma leve arranhada: "Quem foi o filho da mãe que raspou meu carro?!"

No escritório, louco de pressa, você liga para uma empresa. Do outro lado, aquela voz metálica: "Você ligou para o número 222.43.56.6.4.123. No momento não podemos atendê-lo. Aguarde um minutinho". Aí vem a famosa musiquinha que tem o dom de encher a paciência. Cinco minutos depois, a secretária de carne e osso atende: "Bom-dia, senhor, em que podemos servi-lo?"

Você explica o que deseja, mas ela encurta a conversa: "Este assunto está afeto a outro setor; por favor, aguarde um instante enquanto vou passar a ligação para o departamento que vai atendê-lo". Vem de novo a musiquinha com a mensagem: "Esta empresa tem Iso 9.002 e está capacitada para servi-lo com presteza e eficiência". Mais musiquinha. Cai a ligação. Você já está nas estrelas. Liga novamente. Começa tudo de novo. Mais musiquinha, mais Iso 9002, mais uma secretária, que passa para outro departamento, que passa para o seguinte, que avisa que hoje ninguém está atendendo naquela área. Seus nervos estão que nem arame de cerca.

E quando você recebe um aparelho para montar em casa? Notou que o Manual de Instrução é sempre feito por extraterrestres? Você lê: "Retire do ápice do interruptor à esquerda do pino direito o braço pendular oblíquo e fixe em forma hexagonal sobre a armação seletora pré-regulada no equinócio disponível conforme letras A e B do desenho que lhe será enviado pela fábrica após o último pagamento". Nem quero ver o chilique que você teve. E quando seu celular acaba a bateria bem no meio de uma conversa importante?

Bem, nessas alturas você capotou.

Saiba administrar as pequenas coisas de cada dia. Não esquente a cabeça. Não vale a pena perder a saúde e a alegria de viver por causa disso.

Você é mais do que esses insetos".

***

O que eu queria dizer era que os acontecimentos, tomados isoladamente, não têm maior importância, mas quando você os vai colocando, um a um, com todo o tempero do azedume, na bolsa do seu coração, chegará o momento em que o peso será insustentável. Efeito dominó. O vigoroso pinheiro desaba. Estresse. O estrago no seu organismo poderá ser devastador.

10

Com a palavra os contestadores

Muitos dirão: sou jovem, aguento firme o tranco, posso exagerar à vontade, tenho muita energia sobrando. Ocorre que, infelizmente, nada fica impune na natureza. Se persistir nos extremos, mais cedo ou mais tarde a máquina vai fundir.

Outros garantem que já cometeram muitas extravagâncias na vida, estão com mais de cinquenta anos, e tudo vai bem, não há por que se preocupar. Vai bem em termos, já que é impossível burlar a Lei de causa e efeito. Há pessoas que têm mais resistência, mas um dia a casa cai. Muitas enfermidades têm relação direta com estresse: enfarte, depressão, úlcera, hipertensão, diabetes, herpes, graves infecções, problemas respiratórios (asma, rinite, tuberculose pulmonar), alteração de peso, ansiedade, fobias, hiperatividade, alterações do sono, sintomas cognitivos, como dificuldade de aprendizagem e de concentração, lapsos de memória, bruxismo, envelhecimento precoce, distúrbios no comportamento sexual e reprodutivo, dores de cabeça, dores musculares e generalizadas, enfraquecimento do sistema imunológico, cansaço, apatia, irritabilidade, impaciência, negativismo, e tantas outras sequelas desagradáveis, que demandam tratamento e nova atitude frente à vida.

A conclusão óbvia é que, em situação de estresse, não é possível viver a vida, desfrutar os prazeres existenciais e aproveitar férias e viagens. Como me dizia um amigo: "O cara estressado é um chato chateado!"

Conheço pessoas que se orgulham de nunca tirarem férias. E quando alguém consegue levá-las a algum lugar, por uma semana, sofrem sentimento de culpa, ficam ligadas ao trabalho, e não deixam em paz o celular. Resultado: desestresse zero.

11

Tem certeza de que existe a realidade?

Muitos alegam que são realistas e não podem deixar de navegar na correnteza dos acontecimentos da vida moderna e eletrônica. Concluem com aquela surrada frase: “Se correr o bicho pega, se parar o bicho come!”

São realistas? Mas, o que é a realidade?

Há aqueles que situam a realidade no fato em si, por exemplo, o incêndio da casa, a colheita frustrada, o companheiro ou companheira que pediu divórcio, as dívidas. Afirmam categoricamente, com o dedo em riste, que ninguém, em sã consciência, pode negar a realidade. Dizem que seria idiotice esconder a cabeça sob os lençóis, imaginando que assim a realidade desaparece, como num passe de mágica. Alguns até recorrem ao velho axioma: "Contra os fatos não valem argumentos".

Pois bem, começo perguntando se a sua realidade está no acontecimento físico ou no fato apresentado pela mente? A sua verdade traduz apenas o episódio ou contém ingredientes de sua interpretação? Por exemplo, diante de uma perda de emprego, só existe essa realidade, na qual a pessoa se fixa, ou a mente pode ver o fato de maneira diferente? Não é difícil reconhecer que o fato "perda do emprego" pode ser encarado e vivenciado de forma diversa de pessoa para pessoa: você talvez se desespere; seu amigo pode achar normal essa situação e vai procurar outro trabalho; uma colega dará graças a Deus por ter perdido o emprego, pois agora sairá em busca do que realmente deseja da vida; outra pessoa joga o boné para o ar e vai finalmente abrir um negócio por conta própria. E têm aqueles que ficam felizes pela perda do emprego, porque agora, sem complexo de culpa, podem curtir férias, desfrutar praias de verão, programar viagens, visitar parentes, passear, fazer uma horta, entregar-se a uma especialização.

Como você vê, não raro o que menos pesa na vida é o fato concreto.

Não permita que sua interpretação dependa dos fatos, mas faça os fatos dependerem de sua interpretação.

Agora anote bem o que vou lhe dizer: Uma coisa é a realidade ignorada, outra coisa é a realidade conhecida pela mente.

O que é a realidade ignorada?

É aquela da qual você não tem conhecimento. Exemplo: houve um furacão devastador na esquina do mundo, mas você nunca soube nada a respeito. Nesse caso, sua vida não mudou a rotina, tudo segue normalmente.

Qualquer realidade somente vai interferir na sua vida a partir do momento em que você tomar consciência. Antes disso – significado zero.

No instante em que a mente se apossa do fato, essa realidade passará a existir e influir na sua vida. O fato e a realidade só existirão para você, e em você, quando a mente os capturar. E o que é mais fantástico: existirão na sua vida apenas no formato que a mente lhes der. O evento será grande ou insignificante, feio ou bonito, horroroso ou nem tanto, revolucionário ou normal, devastador ou vantajoso, alegre ou triste, depressivo ou inexpressivo, superável ou sem solução, de acordo com o feitio apresentado pela mente.

Como você tem domínio sobre a mente, e é a mente que lhe entrega a realidade do acontecimento, a conclusão é que você tem poder de formatar o fato como quiser, dar-lhe os contornos que lhe aprouver, embutir os efeitos que desejar, produzir, enfim, a verdade pessoal que bem entender.

Lembro um filme antigo do Mazzaropi em que,

diante das desgraças, ele sempre repetia: "Tudo o que acontece é só pra melhorar a vida da gente!"

Você já cansou de ler e ouvir que a pessoa positiva pega o limão que lhe atiraram na cara e faz uma boa limonada, recolhe as pedras que lhe jogaram e constrói a sua casa. Esses criaram padrão positivo de vida. Outros, porém, povoam a mente de conceitos e preconceitos negativos e, consequentemente, afundam na depressão, atribuindo seus sofrimentos e percalços à maldade humana e à insanidade do mundo. É evidente que esse tipo de atitude é estressante.

Tudo está na mente. E são poucas as pessoas que descobriram essa verdade. Ficam dando canhonaços contra tudo e contra todos, mas nunca acertam e nem acertarão o alvo. Porque a mira é para dentro e não para fora.

Cada ser humano constrói o fato de acordo com os dados fornecidos pela mente.

É a mente que lhe mostra a existência do acontecimento e lhe entrega o evento já com a interpretação baseada nos dados que você mesmo lhe apresenta. Suponhamos que você teve acidente de carro. Nada sofreu, mas o carro virou sucata. Sua mente pode dizer: "Tudo bem, agora vou comprar aquele carro zero que sempre sonhei!" Diante do mesmo episódio, a mente de outra pessoa explodirá: "Que desgraça! Nunca mais poderei comprar um carro!" Já a mente de um indivíduo desequilibrado pode entrar em paranoia: "Eu vou pegar esse miserável que arrebentou o meu carro e meter uma bala nos cornos!" Outro sujeito pode enxergar apenas o buraco do asfalto que causou o acidente e não parar de xingar o governo.

Está você entendendo como a vida vai se fazendo de acordo com os padrões mentais de cada um?

Quanto mais negativa, pessimista, "catastrofista" for a pessoa – mais estressada será sua vida. Maiores riscos de enfarte no seu caminho.

12

Você e o lago

Escrevi, linhas acima, que é preciso alternar trabalho com descanso, tensão com distensão, agitação com paz de espírito.

Há um detalhe que se impõe aqui. Compare o ser humano com um lago imenso: pode haver agitação na superfície, fortes ventos formando correntes de ondas encrespadas à flor da água, tempestades desabando, mas no fundo reina a calma, a paz e a vida normal.

A verdadeira sabedoria consiste em ser como o lago: por mais que o mundo exterior se agite, a pessoa encontrará, nas profundezas de si mesma, paz, felicidade, amor, saúde física e mental, enfim, bem-estar.

Ninguém fica à mercê dos eventos a não ser que ignore a região íntima onde habita a serenidade e a felicidade.

Sêneca, o sempre lembrado filósofo grego, dizia: "Os fatos guiam a quem se deixa levar, arrastam a quem resiste".

Se você permanecer com a mente na superfície do lago tempestuoso, sofrerá o abalo das ondas enfurecidas. Os acontecimentos arrastam a quem se deixa arrastar. Qualquer pessoa é livre mental, espiritual e fisicamente, para se manter no refúgio da paz de espírito e da felicidade.

Lucas Evangelista conta que, certa vez, Jesus e os discípulos atravessavam o Lago de Genezaré, quando irrompeu violenta tempestade, que ameaçava pôr o barco a pique. Os discípulos estavam apavorados, temendo o pior. Jesus dormia na popa. Dormia porque sabia do seu poder sobre a fúria das ondas e a força do vento. Os discípulos só viam a realidade do temporal, associada ao perigo iminente de naufrágio.

- Por que temeis, homens de pouca fé? – disse ele aos acompanhantes, quando o despertaram, avisando-o que não conseguiam dominar as ondas e os ventos.

Quando você vive sua essência, a vida se torna tranquila, equilibrada, positiva e benéfica, aconteça o que acontecer no lado de fora. A essência é a profundeza da mente. Neste caso, você fica cansado, mas não estressado; sente tensão momentânea em face de situação indesejada, mas não haverá estresse. Poderá sentir ímpetos de tristeza, mas não cairá em depressão. Pode não ter domínio absoluto sobre o mundo exterior, mas pode dominar perfeitamente seu universo interior. Então, de posse da dimensão mais alta do seu mundo interno, acabará dominando o mundo externo.

Os acontecimentos podem readquirir novo significado se assim você quiser.

13

O estressado não tem tempo

O estressado jura que não tem tempo. Gostaria, quem sabe, de desligar-se dos problemas nos fins de semana, até sonha com férias, mas alega que a vida não permite.

Quiçá você, mergulhado até a medula dos ossos nos seus projetos de riqueza, sucesso, fama e status, argumente que esta é sua hora de batalhar até chegar ao carro, à casa, ao milhão e à vida dos seus sonhos.

Nada mau, também estou de acordo. Afinal, conseguir as melhores condições para otimizar a vida, que maravilha! Que bom que você tenha essas aspirações! Diz o ditado que barco parado não ganha frete.

O quê?! Acha que estou me contradizendo?

Não sou contra a vida e nem contra a riqueza. Muito

menos contra o bem-estar. Sou contra o modo como você pretende chegar ao seu desiderato.

Lembra-se do copo de água? Você pode segurar um copo com água quanto tempo quiser, não apenas um dia. Desde que intercale a tensão do peso do copo com momentos de descanso.

Se você se atira afoitamente, aos trancos e barrancos, na luta incessante para a obtenção dos seus objetivos, sucumbirá ao estresse. Fundirá a máquina. E os projetos dormirão no fundo da gaveta.

Não entre no rol dos sem-tempo. A pressa é inimiga do sucesso, da saúde, do sexo e do amor. Diz a sabedoria que devagar se vai ao longe. Sei que há muitos arautos do sucesso, por aí, que preconizam o contrário: dizem que a guerra do mercado é ferrenha, que só vence quem leva o concorrente a nocaute, que é preciso matar um leão por dia, que férias não são para campeão, que executivo que se preza acampa na empresa, e coisas do gênero, que deixam você ansioso e assustado. Eles estão fazendo apologia do estresse, além de abrirem brechas na ética e no espírito de fraternidade humana.

Existe uma teoria de que estresse é coisa de gente forte, batalhadora, responsável e decidida. Não perder tempo é a ordem. Repetem velhas crenças: Deus ajuda a quem madruga; quem dorme não pega peixe; corra na frente, que atrás vem gente. É como dizer que só se chega ao topo morrendo. Sim, porque querem que você corra para cidade dos pés juntos. Se você almeja ser o mais rico do cemitério, pé no fundo!

Tempos atrás, na coluna que eu tinha num jornal, escrevi esta crônica, que achei bom passá-la para você, já que pode ser útil nesse momento.

***

VOCÊ E O TEMPO

"Certa vez, o Homem se encontrou com o Tempo. Cumprimentaram-se, prometeram amizade para sempre e desejaram seguir unidos pelo resto dos dias.

Longos caminhos andaram juntos. Percorreram a infância, brincando em alegre fraternização, atravessaram a meninice de mãos dadas, entraram abraçados e cheios de expectativas no mundo da adolescência.

Mas, à medida que a juventude acontecia, o Homem passou a se envolver apenas consigo mesmo, deixando de lado seu amigo, até então inseparável, o Tempo.

Ocupado demais em seus sonhos e ansiedades, ele exclamava, cada vez mais nervoso:

- Agora não tenho Tempo!

O Tempo, lúcido como sempre, tentou refazer a velha amizade:

- Por que não caminhamos juntos?

- Seria perda de Tempo! – respondeu impaciente o Homem.

O Tempo voltou a observar-lhe:

- Já pensou que, se você me perder, ficará longe do Agora, girará sem controle, como astronauta despencado no espaço sideral?

- Vou ser sincero com você, Tempo. Nossa relação acabou. Não aguento você querer me empurrar para frente, quando tenho tanta coisa enrustida me afligindo. Preciso parar, mas você alega que não pode esperar até que minhas coisas se resolvam. Depois, quando eu quero correr para recuperar o Tempo perdido, você quer me segurar no Tempo presente. Assim não dá. Estamos incompatibilizados. Siga o seu caminho, que eu sigo o meu.

O Tempo compreendeu o drama do Homem e aconselhou:

- Vemha comigo, que tudo se resolve. Não adianta ficar travado em lugares que já percorremos. Eu sou livre porque sigo em frente, nada me detém. Também, não adianta correr mais do que eu. Você não consegue apressar o rio. Quem corre demais, chega mais cedo no céu, e lá eu não mando nada.

O Homem se irritou:

- Querendo me dar conselhos? Pois saiba que não me importo mais com você. Sua companhia foi boa enquanto durou. Você pode se mandar, e, para mim, já vai tarde.

O Tempo tentou raciocinar:

- Acha que sem mim a vida existe? Está enganado. Querer viver a vida sem a minha companhia é pura ilusão. A vida está montada em mim. Ou você vem comigo ou ficará perdido num buraco negro.

- Não concordo, não é verdade – rebateu o Homem.

O Tempo sorriu complacente e explicou:

- Observe o que acontece com qucm não mc acompanha. É um contraTempo. Se quer viver sem Tempo, amargará perda de Tempo. Afastando-se de mim, afasta-se da vida; afastando-se da vida, cai no abismo; no abismo, tem a desagradável companhia do estresse, do vazio, da perda de rumo, da carência.

O Homem calou-se, refletiu e resolveu recuperar o Tempo perdido".

***

Não será você daqueles que decidem vender alguns anos de vida em troca de um patrimônio maior?

O errado não é perseguir um nível de vida compatível com seus sonhos. Entenda bem. Isso é bom, faz bem, e contribui para o progresso da humanidade.

O equívoco grosseiro é pretender alcançar os objetivos jogando fora a vida.

Se o resultado do seu corre-corre é o estresse, você está ferrado. Perderá, em casa ou no hospital, o tempo que correu na frente da máquina.

Além de colher péssimo resultado – porque estresse é péssimo resultado – você não aproveitou o tempo da correria desenfreada: não desfrutou a vida.

Só há uma maneira de ser sábio: viver o momento atual, amar e ser amado, cultivar amizades, sorrir à vontade, sentir o encanto da natureza, alternar esforço com inércia, gritaria com silêncio, o tempo fora com o tempo dentro.

Acima de tudo, impõe-se descobrir o segredo da vida:

a felicidade. Esta não tem nada a ver com o passado e nem com o futuro. Passado e futuro são zero à esquerda para a felicidade. Felicidade é sentir-se bem consigo mesmo, com a humanidade, com o universo e com Deus. Aqui e agora. É a única maneira de viver a vida. Fora disso, você apenas existe, e muito mal.

14

O turrão e o bem-humorado

Foi-se o tempo em que cara amarrada ganhava cargo de chefia.

O chefe devia ter voz ronronante e grossa, de preferência beirando os limites da grosseria. Havia até os que engoliam batata crua na hora do teste, para reforçar o vozeirão. O chefe também não podia deixar de apresentar carantonha leonina, se possível com juba, urro e tudo o mais. Chefe que se prezasse devia fazer o empregado tremer dos pés à cabeça já a dez quilômetros de distância. Este era o chefe nota dez. Se carregasse o "trinta-e-cinco" na cintura e a faca na bota, acrescentava mais pontos. Feliz daquele chefe que ouvisse algum súbdito alertar os companheiros: "Cuidado com o cara, que é de faca na bota!" Aí o homem subia às nuvens, de felicidade.

Havia chefes em que a cara não ajudava, então faziam duro regime à base de urtiga, pimenta, unha-de-gato e aroeira-brava. Ah, e o bigode de légua e meia não devia faltar, caso contrário podia dar ao rosto aparência de São Luiz Gonzaga!

Aparecia chefe tão cioso de suas prerrogativas que de manhã cedo tomava café com leite de búfala, salame de cascavel, queijo de onça e pão de cimento armado. Feito isso, saía para o trabalho cantando "um elefante incomoda muita gente, mas um chefe incomoda muito mais..."

Não resisto de colocar aqui, a título de brincadeira, um artigo que escrevi para um jornal.

***

CARRANCA ZERO

"Dias atrás, estava assistindo, na tevê, uma reportagem sobre a felicidade. Lá pelas tantas, foi entrevistado o psiconeuroimunologista, (não gagueje), Lee Berck, cientista que se dedica ao estudo dos efeitos do riso sobre o organismo.

Em certo momento, disse ele que a criança ri quatrocentas vezes por dia e o adulto ri apenas quinze vezes. É uma diferença monumental.

Sei que você vai dizer que criança é criança, adulto é adulto. E acrescentará, com ares de sabedoria confuciana, que o adulto deve dar mostras de ser mais maduro, mais compenetrado, mais responsável, mais compromissado, e não pode ficar aí rindo à-toa. Se atravessa o dia despregando bandeira com risadas e mais risadas, poderá passar a imagem de bobo alegre, o que não calha bem num homem honrado, culto e espiritualizado. E arrematará você, citando o velho ditado dos antepassados: "Muito riso, pouco siso".

Muita gente tem o hábito de montar carranca rígida e furibunda para mostrar poder e domínio. Não ri nem que a vaca tussa. Quando chega um cliente, principalmente em repartições que, por sua natureza, já assustam o povo, às vezes dá de cara com um funcionário gigantesco, de oito metros de altura, mãos do tamanho de uma pá de retroescavadeira, armado de uma carantonha ameaçadora, pronto para jogar na masmorra da Bastilha o coitado que apenas quer fazer uma perguntinha gaguejada. Acostumado a ouvir que a melhor defesa é o ataque, o atendente fecha a cara, franze a testa, torce a boca e rosna: "Qual é o problema?" Antes que o coitado, que nessa altura não tem mais que cinco centímetros de tamanho, diga alguma coisa, o homenzarrão de oito metros bufa:

- Lembre-se que todo brasileiro é criminoso até prova em contrário, entendeu?

O minúsculo homenzinho, já sumido no rodapé do balcão, mal e mal reúne forças para dizer:

- Desculpe, eu só estou esperando meu amigo.

Isso tudo é brincadeira. Ninguém leve a sério. Pode até traçar um sorrisinho amarelo, que também vale. Apenas quero dizer que todos somos irmãos, merecemos respeito e consideração, precisamos ser ajudados mais do que ameaçados, temos que nos tratar com a simplicidade e alegria de criança. Ter bom coração rende maravilhosos dividendos.

E seria ótimo você prometer-se as quatrocentas risadas do

dia. Para isso, desde o amanhecer ameace um radiante sorriso para as pessoas que estão ao seu lado, tome café em altoastral, saia para a rua abraçando postes e lixeiras, sorria inclusive para os viralatas e siga sua jornada de risos até chegar aos quatrocentos.

Se alcançar a raia das quatrocentas risadas na hora de abraçar o travesseiro, você cometeu o milagre de estar de bem com a vida. Fortaleceu o sistema imunológico, descongestionou os órgãos, oxigenou o cérebro, preveniu problemas cardiológicos, desmontou o estresse e a depressão, harmonizou-se consigo e com a humanidade, e assinou atestado válido de longa vida feliz. E, ainda por cima, granjeou muitos amigos".

✡✡✡

Hoje, uma das qualidades mais valorizadas no trabalho é o bom humor. Há empresas em que o teste de bom humor é levado muito a sério: se o pretendente não passar neste exame, não adianta ser o maior especialista na profissão. Bomba para ele.

Ter bom humor, antes de tudo, revela que a pessoa está desfrutando a vida. Quem gosta de gente mal-humorada é prozac.

O bom humor torna agradável e leve o ambiente de trabalho.

O bom humor contagia os companheiros de atividade.

O bom humor gera energias saudáveis.

O bom humor suscita imagem gostosa da vida. Dá a entender que aquela atividade é gratificante, quando tantas outras parecem antecâmara do inferno.

O bom humor atrai, a cara feia assusta e afasta. Meu tio dizia que cara feia é fome.

O bom humor fomenta ótimas condições para a produtividade, ao passo que a cara-de-quem-comeu-e-não-gostou faz o ambiente mais enjoativo que mingau sem sal enfiado goela abaixo de hora em hora.

O bom humor estimula amizades; o mal-humorado é um mala-sem-alça.

O bom humor é fundamental no contato com os clientes; vendedor cara-feia espanta todo mundo.

O bom humor é um belo elixir desestressante. Sem contraindicações.

Fiodor Dostoievski (1821-1881), escritor russo, assinalou: "Se você gosta do riso de um homem antes de saber alguma coisa a respeito dele, pode dizer com confiança que se trata de um homem bom".

Em última análise, o bom humor é quente como sol de praia, delicioso como café fumegante, bonito como fruta corada, crepitante como fogo de lareira, convidativo como churrasco na brasa, irresistível como sopa de inverno, grupal como chimarrão de campanha. Bom humor é gol de campeonato aos quarenta e cinco minutos do segundo tempo. Mais do que isso, bom humor é arrebatador como beijo de miss universo.

Bom humor, enfim, é diploma de saúde física e mental.

15

Fracassou... Não se estresse

Já que a realidade, com todas as consequências, depende de você, faça como tem feito muita gente saudável e bem-sucedida: veja sempre o lado positivo, pitoresco, engraçado, das coisas e dos acontecimentos. Ainda que o acontecimento seja um rotundo fracasso.

Inúmeras pessoas prósperas, milionárias, donas de imensos cabedais, felizes, começaram a arrancada da autorrealização exatamente depois de uma queda fragorosa.

Pouca gente tem lucidez suficiente para perceber que não existe fracasso e sim lição existencial, necessária para a retomada da direção certa.

Para quem sabe ler a vida, todos os fatos são balizas que indicam o melhor caminho.

Na verdade, o que chamam de fracasso tem sido um dos mais importantes fatores de progresso no mundo. Se não o mais significativo. Máquinas, aparelhos, tecnologia, invenções, pesquisas, descobertas, competições, missões arrojadas, fundações, foram e são, em geral, fruto de muitas tentativas, estudos e experiências malogradas. As etapas percorridas até o resultado final exitoso não podem ser tidas como fracassos, mas como degraus necessários.

Todo caminho é aberto em meio a terrenos às vezes propícios, às vezes pedregosos e íngremes.

Se você sofrer e se magoar diante de qualquer revés, o estresse baterá à sua porta. Se tiver a tranquilidade de encarar todas as fases da vida como passos normais evolutivos, será sempre uma pessoa em boa forma, saudável e alegre.

Sendo pessoa positiva, você perceberá que as coisas às vezes não acontecem como você queria, mas sempre ocorrem de forma benfazeja para si.

Diante de surpresas desconcertantes, pergunte-se:

- O que este fato quer me dizer?

- Qual é o ensinamento importante que esse acontecimento está me trazendo?

E agradeça.

Se você tem meta bem idealizada, carregada de sonhos e entusiasmo, aliada a uma mente positiva e autoconfiante, não falirá. Quando muito, se necessário, mudará a rota. Há desafios no meio do projeto, rios a serem vadeados, pantanais que exigem engenharia sofisticada, mas tudo faz parte do roteiro. Não há motivo para estresse.

No outro dia, vi na televisão que o cineasta Spielberg adorava imprevistos sérios, nas filmagens, que exigissem rápida solução criativa.

Imprevistos são belos desafios, necessários para o exercício da criatividade, saudáveis para a atividade das conexões neuronais. Por que perturbar-se e perder sono? Você, que se revolve na cama insone, pode me dizer se travesseiro é bom conselheiro?

Relaxe! Nada melhor do que um bom sono para reativar sua capacidade criadora.

Muita gente enfrenta crises que desmontam toda a estrutura psicológica. Os nervos viram frangalhos. E haja remédios. Mas, para quê tudo isso? Se não existirem crises, não existirão mudanças; se não existirem mudanças, a estagnação toma conta da vida.

Quando a vida não funciona, será idiotice deixar como está. Se o cavalo está morto, desmonte – diz o ditado. Também não adianta ficar alimentando cavalo morto.

Há por aí uma frase muito repetida, que diz assim: "Se você continua pensando o que sempre pensou, continuará acontecendo o que sempre aconteceu. Se faz o que sempre fez, chegará sempre ao mesmo lugar".

É preciso mudar. Se não muda, quebra. Essa é uma das grandes causas de falências.

A crise pede mudança, avisa que assim não pode ficar.

Crise não é palavra assustadora. Crise é o nome da

mestra que analisa a situação e conclui que há necessidade de encontrar novos caminhos. Se você está descendo de barco pelo rio e de repente uma barreira trancar sua viagem normal, por certo amaldiçoará aquele empecilho, mas dará graças a Deus quando perceber que, logo abaixo, há uma cascata intransponível. Nesse caso, o imprevisto foi bom ou mau? Merece xingamentos ou agradecimentos?

Não fique estagnado, com medo de mudar. Todas as mudanças necessárias são benfazejas, pois são o caminho das novidades, das invenções, das revoluções, do progresso, da prosperidade, da saúde, do bem-estar.

Não confunda mudança com estresse. Encare a situação naturalmente, peça orientação divina, acredite na sabedoria e poder existentes em si, consulte entendidos, e vá em frente. E durma bem.

16

Cansaço e irritação

Quando você enceta uma longa caminhada alegre, ao fim do dia estará cansado, obviamente. Não se trata de estresse. Pelo contrário, a caminhada alegre liberou endorfina, que é o hormônio do bem-estar e da felicidade. Quando pratica prazenteiramente esportes, como natação, futebol, vôlei, basquete, futsal, o corpo acusará cansaço, não estresse. O descanso físico reporá as energias.

O estresse tem a ver com estados mentais negativos. Se o seu futebol profissional, por exemplo, lhe é motivo de medo de jogar mal e ser vaiado, ou medo de ser dispensado, ou de ser substituído, ou de se machucar, ou ser preterido injustamente – essa angústia, ansiedade, temor, pânico, porão o corpo em alerta, e, nesse caso, a adrenalina, cortisol e noradrenalina se derramarão pelo organismo e surgirão, com o tempo, os sintomas do estresse.

Quando o tanque estiver a ponto de explodir – faça uma trégua, saia a caminhar, visite um shopping, vá tomar um cafezinho num bar um tanto quanto distante, visite uma igreja, leia um jornal, faça palavras cruzadas, enfim, descarregue as tensões, enxugue a adrenalina e o cortisol. Dizem por aí que Deus fez o mundo em sete dias porque não havia nenhum estressado pedindo pressa.

A irritação constante acelera o estresse e o estresse causa irritabilidade frequente. Indivíduo de nervos espichados como arame de cerca fica mais eriçado que porco-espinho. Tem paciência zero. Age aos trancos e barrancos e complica seu desempenho comercial, além de perder amigos.

O estressado, além de tudo, é um desconfiado. Se você está rindo, ele vem logo tirar satisfação:

- Está rindo de quê, seu idiota?

Se, por acaso, seus olhos baterem nos olhos dele, sai fogo:

- Nunca me viu, seu cara de pavio?

Na secção Ossos do Ofício, de Seleções, André Diamantino conta essa: "Estava no gabinete de um juiz, quando o escutei gritar de longe para o seu assessor:

- Paulo, você está com a minha caneta?

O pobre Paulo responde calmamente:

- Não está comigo, Dr. Estêvão.

E o Dr. Estêvão retruca:

- Está sim! Pode verificar!

Logo depois, o Dr. Estêvão xinga:

- Paulo, a caneta está aqui comigo! Que isso não se repita!

Já é um exemplo de estresse.

O estressado primeiro fala, depois pensa. Dá um tiro de canhão para atingir um mosquito. Bronqueia impulsivamente, por isso quase sempre erra o alvo, como no caso do tal Dr. Estêvão, com certeza personagem fictício.

Aconteceu no balcão de uma agência:

- Me dê o seu nome, por favor?

- Meu nome é meu, não dou a ninguém – complicou o homem.

- Seu nome, por gentileza.

- Pra quê?

- Preciso de sua identidade.

O homem ergueu a voz irritada:

- Pra quê?

- Para preencher os dados.

- Dados? Fique sabendo que não jogo dados, nem cartas. Sou contra o jogo.

- Dados da sua identidade: nome, idade, endereço, profissão.

O homem se alterou de vez:

- Quer bisbilhotar minha vida, hein, magrela?

- É para preencher esse documento.

- Pra quê?

- Para atendê-lo devidamente, meu senhor – diz a moça, resgatando suas reservas de paciência.

- E pra me atender devidamente precisa fiscalizar minha vida? Para com essa besteira! Quem sabe de mim sou eu, e ponto final.

- Nesse caso, não poderá viajar ao exterior.

- O quê? Está me ameaçando? Repita mais uma vez essa ameaça e você vai levar uma porrada daquelas, entendeu?

E a conversa foi andando sem entendimento. Coisa de estressado.

A atendente soube agir com categoria, pois não se apaga fogo com fogo.

O irritadiço não sabe raciocinar. É tomado por uma loucura-relâmpago. Toda pessoa extremamente estressada, entra nessa categoria. Cada vez que isso acontece é um vendaval que se abate sobre o organismo. Dentro de alguns anos, o indivíduo fica mais enrugado que o bíblico Noé ao completar novecentos anos. Lembre-se de que tudo que sucede no seu dia-a-dia, desde o mais trivial pensamento até os paroxismos de cólera, é registrado no seu corpo, produzindo estragos irreversíveis, se não houver reciclagem de vida.

Tempos atrás, anotei que os cardiologistas pensavam que as pessoas apressadas, altamente competitivas, fossem as mais propensas a sofrer ataque cardíaco. Posteriormente, percebeu-se que o problema maior não é tanto o estilo de vida acelerado ou a ambição compulsiva, mas a hostilidade.

O que é hostilidade?

É manter comportamento agressivo. Pessoa que procura sempre sarna para se coçar, como se dizia no meu tempo de criança. Temperamento belicoso.

Existem jovens violentos, incontrolados, desequilibrados, que se alimentam de hostilidades. São problemas sociais. Desarvorados. É só terem um martelo na mão e todo mundo vira prego.

Mas, existem pessoas "normais" que são hostis por efeito de estresse. Não conseguem ter calma, gritam por qualquer coisa, só complicam, têm os nervos à flor da pele. Mal percebem, se é que têm alguma percepção, que não se trata de temperamento, foi o estilo de vida que os fez irritadiços e intratáveis. Há também os chamados "pavio curto", que logo pegam fogo e explodem. Não havendo brasa, até que conseguem fazer um dia normal, mas, basta surgirem pequenas contrariedades, e eles não se dominam e dão largas aos arrancos hostis.

Por fim, nesse rol podem ser alinhados os eternos insatisfeitos: os que vivem chateados sem ninguém os chatear. Não se pejam de resmungar diante de qualquer eventualidade: "Ai, que saco!" Nos engarrafamentos, nos contratempos, explodem aquela ladainha que todos conhecem.

Essas pessoas secretam quarenta vezes mais cortisol das glândulas suprarrenais. Cortisol em excesso é tóxico para o organismo. Esses indivíduos são cinco vezes mais propensos a sofrer doenças e embarcar mais cedo para os campos da eternidade do que as pessoas que mantêm a "cabeça fria".

Vale a pena mudar os padrões de vida! Ou você é daqueles que preferem "deixar como está para ver como é que fica"? Quem sabe, você seja como os que acham que a vida é assim mesmo, não há nada a modificar? Algumas pessoas até pensam que o tempo melhora as coisas e a saúde volta ao natural.

Esdrúxula é a tese de certos indivíduos que dizem que estresse é bom para a saúde e para o bolso. Só para pôr água fria nessa crença, vou citar alguns efeitos nada agradáveis:

Coração - Passa a sofrer sobrecargas nocivas. Batimentos descompassados. Perigo de enfarte e derrame.

Cérebro - Como a pressão intracraniana sobe, o indivíduo começa a sentir fortes dores de cabeça.

Órgãos genitais – Passam a receber menos sangue. Enquanto a mulher perde o desejo sexual, o homem fica com dificuldade de ereção.

Pulmões - Com a aceleração da respiração, os pulmões funcionam em velocidade máxima e o cansaço acaba sendo inevitável.

Músculos – Ficam contraídos e começam a liberar substâncias inflamatórias.

Aparelho digestivo – O estômago produz altas escalas de suco gástrico, provocando úlcera e gastrite. O intestino também deixa de funcionar corretamente . (Razão, 8/9 março 2008).

Estômago - Úlcera no estômago, síndrome do intestino irritado.

Cabeça - Dores de cabeça, enxaqueca, perda de cabelos, principalmente nas mulheres.

Sistema imunológico - "Quando o estresse aumenta, a imunidade vai lá para baixo e aumentam os riscos de o corpo adoecer. Dessa gangorra, surgem gripes, dores de cabeça, mal-estar... Nos EUA, os especialistas de M. D. Anderson, centro de pesquisa sobre câncer, ligado à Universidade do Texas – um dos maiores polos mundiais de investigação sobre essa doença – notaram que o estresse desencadeia outro arriscado efeito dominó, capaz de acelerar o desenvolvimento de células malignas no organismo". (Revista "Saúde é Vital", set. 2006).

O relatório informa que os estudos não descobriram que o estresse produz câncer, mas que agrava a doença.

Outras enfermidades - Estudos clínicos sugerem que 50 a 75 por cento de todas as idas ao médico são motivadas, em última análise, pelo estresse. Avisam ainda esses estudos que, em termos de mortalidade, o estresse é fator de risco mais grave que o fumo.

Segundo a Associação Brasileira do Estresse, 75 % das consultas médicas têm relação com os efeitos do estresse. Já o Instituto Americano do Estresse declara que as consultas médicas em razão de doenças relacionadas ao estresse situam-se entre 75% e 90%. Estudos da Clínica Mayo demonstraram que o estresse psicológico é um forte prenúncio de futuros episódios cardíacos em pacientes com cardiopatias.

O estresse é comparável à hipertensão como fator de risco para doenças cardíacas, abrindo espaço para a inflamação e lesão dos vasos sanguíneos.

A pressão do relógio, o peso das contas a pagar, a roda-viva do ofício, a responsabilidade, a competição descontrolada, os compromissos inadiáveis, as solicitações sem fim da comunidade – são fatores de estresse e explosivos cardíacos.

Muitas vezes, em meio à correria e à voracidade do dia, com seus engarrafamentos, buzinadas, som em insuportáveis decibéis, tilintar do telefone, chamadas de celular, imprevistos, a pessoa nem sente os efeitos do estresse, porque está num pique de altos níveis de adrenalina. Mas, o coração, pressionado, acelera o que pode, como se gritasse: "Fogo!"

Acostume-se a manter o bom humor diante de qualquer eventualidade. Faz bem e ajuda a encontrar soluções.

Tirar o estopim da bomba é o melhor método para superar, sem estresse, os momentos exasperantes.

Cada irritação é um canhonaço no seu coração. Se quiser viver bem, com qualidade de vida, invista num bom treinamento de calma. Não me refiro a engolir sapo, suportar sofridamente a pressão, fazer-se de vítima. Isso não é solução, é trocar um mal por outro. Estressa. Também não é solução revidar agressão com agressão, ofensa com ofensa. A fervura subiria tanto que seria muito difícil não haver explosão. Em explosão, não existe raciocínio, lucidez, educação e nem respeito. Gostei dessa frase que li, certa vez: "Não grite, melhore o argumento".

No outro dia, colhi esta sabedoria atribuída ao famoso filósofo Sócrates: "Se um asno me der um coice, irei revidar com outro coice"?

Mahatma Gandhi (1869-1948), homem afeito a intrigas, injustiças e ofensas, disse: "Aprendi, através da experiência amarga, a suprema lição: controlar minha ira e torná-la como o calor que é convertido em energia. Nossa ira controlada pode ser convertida numa força capaz de mover o mundo".

Se não houver preparo psicológico, não será fácil adquirir autodomínio em situações tensas e agressivas. O instinto, através de forte liberação hormonal, instiga a pessoa rapidamente ao contra-ataque. E todo revide imediato é feito em meio a um apagão mental, razão porque saem cobras e lagartos. Nessas situações de elevada ciclagem cerebral, são proferidas palavras das quais normalmente o indivíduo se arrepende.

Diante de momentos de alta tensão, duas atitudes podem ocorrer: você mergulha de ponta no conflito e bate e rebate desatinadamente, ou, então, mantém o controle de si. No primeiro caso, os dois vão perdendo o juízo e o resultado pode ser terrivelmente desastroso, mas sempre com consequências funestas; no segundo caso, a mente domina a situação, a pessoa mantém as rédeas do autocontrole, conscientemente procura estar calma, com isso alcançando a melhor solução para o momento. A mente lúcida e o cérebro em ritmo alfa oferecerão os passos a serem dados no correr do episódio: ou conseguirá acalmar o encolerizado, ou encontrará uma forma pacífica de despedir-se e ir embora. Numa boa. Se você não quer ceder porque está certo, lembre-se de que, nessa situação, ser gentil e generoso é mais importante do que estar certo.

Aprenda de uma vez por todas que brigas não trazem solução, mas ruptura. Mais tarde, com cabeça fria, tudo se resolve de maneira simples, civilizada, consertando-se os laços de amizade. Há um sábio ditado gaúcho que ilustra essa verdade: "Se grito resolvesse, porco seria imortal".

Houve um escritor gaúcho, chamado João Simões Lopes Neto, que escreveu, num de seus livros: "Quando estiveres para embravecer, conta até três vezes os botões da tua roupa".

O filósofo estóico Athenodórius aconselhou, certa vez, o imperador César: "Quando estiveres zangado, César, nada digas e nada faças até repetires para ti mesmo as 24 letras do alfabeto".

Encontre estratégias eficazes para dar um nó nos impulsos de raiva. Oportunidades para irritações de todos os calibres ocorrem à beça: é alguém que pisa no seu pé, que critica seu sucesso, que ridiculariza o tamanho do seu nariz, que não lhe paga a dívida, que pede algo emprestado e quer devolver no dia de são nunca; alguém que promete e não cumpre; sem falar da graxa que caiu na sua calça, do barro que respingou no seu vestido, da televisão que pifou, do rádio sem pilhas, do tombo que levou na escada, e por aí afora. E há os que se irritam porque o café está frio, o tempo está chuvoso, o guarda-chuva sumiu, o calor está demais, a taxa de luz e água está insuportável, a gasolina está na reserva, o governo não toma jeito, a corrupção campeia, o asfalto está péssimo, o time perdeu o jogo, o treinador é incompetente, o noticiário só tem violência... e mais... e mais... e mais... Vá somando esse tiroteio da sua metralhadora mental e comemore o infarto. Ah, não quer infarto? Não quer audiência prematura com São Pedro? Então, tire o estopim dessa bomba-relógio. Você fica horrorizado com o suicídio dos homens-bomba e não se dá conta de que montou uma bomba-relógio no corpo. Aceite de uma vez por todas que cada um colhe o que semeia. A justiça do Infinito é perfeita, minuciosa, correta. Aprenda a seguir um padrão de vida positivo, sereno, alegre, confiante, equilibrado.

17

Rir desestressa

Vamos partir do pressuposto de que você esteja estressado, consequentemente ansioso, irritadiço, insone, atrapalhado, negativo, beirando à depressão. Percebe que necessita levantar o astral, não levar a vida muito a sério, descontrair, enxugar a adrenalina e o cortisol, que são maléficos quando exagerados. Comenta que precisa amar a vida, sentir alegria, gostar do que faz, dos familiares, das pessoas, enfim você quer urgentemente sair do poço e desfrutar o prazer de cada dia.

Pois bem, rir é a receita exata para isso. Um santo remédio. Não é por nada que os cientistas avisam que rir é o melhor remédio.

Pesquisadores da Universidade de Stanford, na Califórnia, exibiram cartoons para voluntários, enquanto espiavam dentro de suas cabeças, por ressonância magnética. Descobriram que as piadas ativam os mesmos circuitos de gratificação no cérebro que sensações geradas pelo uso de cocaína, aquisição de dinheiro, ou visão de um rosto bonito.

Quer dez motivos para dar uma gargalhada? Aqui estão eles:

* Aumenta os batimentos cardíacos.
* Melhora o sistema digestivo.
* Estimula a circulação.
* Massageia os órgãos internos.
* Solta a respiração.
* Oxigena o cérebro.
* É uma ginástica facial.
* Relaxa os músculos.
* Descontrai o ambiente.
* Estreita os relacionamentos. (Livro: ENERGIZE-SE, Virgínia Nowicki).

De acordo com Ana Maria Rossi, PhD em Psicologia: "A risada reduz o estresse, a ansiedade, a angústia e a insônia. Segundo estudos da Universidade da Califórnia, diminui os níveis de hormônios que causam supressão imunológica e induz a produção de células brancas, essenciais no controle do câncer e no fortalecimento do sistema de imunidade". (Zero Hora).

Estudos demonstram que rir faz com que o tecido que forma a camada interna dos vasos sanguíneos, o endotélio, se expanda, aumentando o fluxo de sangue – exatamente como os exercícios aeróbicos fazem.

No encontro do American College of Cardiology, em Orlando, na Flórida, EUA, foi apresentada uma pesquisa feita com 20 voluntários saudáveis que assistiram, por quinze minutos, a cenas do filme "Estes Loucos Reis do Boliche" (Kingpin,1996), com Woody Harrelson, e, dois dias depois, assistiram à primeira cena do filme "O Resgate do Soldado Ryan", (Saving Private, 1998), com Tom Hanks.

Depois que os dois filmes foram vistos, os pesquisadores mediram as mudanças na reação dos vasos sanguíneos por meio de ultrassom. Em média, a corrente sanguínea aumentou 22 % após o longa de Harrelson – número comparável ao aumento ocasionado por exercícios aeróbicos – e diminuiu 35% nos que assistiram ao filme estrelado por Hanks.

Enquanto uma comédia pode ser benfazeja para as pessoas, um filme estressante pode ter efeito negativo na saúde cardíaca – disse Michael Miller, coordenador da pesquisa.

De acordo com esse estudioso, há variação entre as pessoas. Mas, qualquer coisa que evoque uma resposta emocional, tem impacto no coração, que pode ser positivo ou negativo. Ele acredita que o riso induz à liberação de endorfina, assim como a atividade física. (Zero Hora, 12/03/ 2005).

Afirmou Michael Miller que *"qualquer coisa que evoque uma resposta emocional, tem impacto no coração, (órgão físico), que pode ser positivo ou negativo".*

Fazendo uma ilação à margem, se qualquer coisa, que evoque uma resposta emocional, tem impacto no coração, imagine os efeitos dessa avalanche de notícias, novelas e filmes violentos, sofridos, conflitantes, tenebrosos, macabros, apresentados na televisão! Muitos dizem que não são prejudiciais porque se trata apenas de representações, mundo do faz-de-conta. Mas, toda representação busca causar impacto emocional, portanto, em encenações de violência, chantagem, falsidades, falcatruas, guerras, os efeitos serão maléficos. Os noticiários se deliciam em apresentar os fatos mais cruéis e bárbaros, como se os telespectadores e ouvintes fossem sádicos e masoquistas. Qualquer imagem deprimente enfraquece o timo, que é um centro vital do organismo.

Sei que você vai dizer que isso tudo é bobagem: jamais noticiários, novelas e filmes violentos afetarão a mente e muito menos o organismo, pois todos sabem que é ficção. Mas a grande magia e habilidade do filme é enganar o espectador e fazê-lo submergir na emoção.

A maioria das pessoas dirá que essas novelas e filmes e noticiários violentos não fazem mal nenhum. O que ocorre é que o efeito se manifesta a longo prazo, por isso passa despercebido. Não faz o estrago imediato de um tiro de canhão. Se é por isso, também o cigarro produz enfermidades a longo prazo e ninguém nega essa verdade. A mente é como sua horta: se a inundar de verduras, terá colheita saudável; se a abarrotar de ervas daninhas, colherá ervas daninhas. Simples como a luz do sol. Há tantas notícias positivas sensacionais, de impacto emocional benéfico; há tantos enredos encantadores e comoventes para filmes; há tantas histórias e fatos maravilhosos capazes de levar às lágrimas o telespectador e o apreciador de filmes, que não haveria necessidade de poluir terrivelmente as mentes, conduzindo inúmeras pessoas mais frágeis a uma programação mental negativa e nefasta.

Voltando aos efeitos do riso e da gargalhada, veja o que escreveu Jack Lawson, em seu livro "ENDORFINAS – A droga da Felicidade": "Rir, levar as coisas com bom humor, positivamente, sem projetar negatividade, tudo isso ajuda a viver uma vida plena".

Diz ainda Jack Lawson que "há uma estreita relação entre o riso e as endorfinas. O riso provoca um relaxamento que favorece a produção de endorfinas. Pelo riso, curam-se mais facilmente as doenças, o riso é antidepressivo, e serve para manter a saúde. Por criar atitude positiva e um toque de bom humor perante a vida, o riso contribui para que nossas glândulas segreguem corretamente os hormônios que devem segregar. Assim, nos encontramos com uma taxa "normal" de endorfinas no corpo e, logicamente, de defesas e da capacidade de sensação de felicidade".

Jack Lawson oferece mais esta consideração: "Um tratamento eficiente e efetivo contra a dor é a gargalhada. Além das endorfinas, um grande número de substâncias cerebrais são estimuladas pelo ato de rir. Um simples sorriso emite uma informação que ativa a secreção de endorfinas no cérebro.

Contar piadas, fazer brincadeira, ver um filme engraçado, ler uma história divertida, podem ser excelentes remédios para o nosso corpo e nosso espírito. E sem efeitos colaterais. A gargalhada é maravilhosamente curativa.

Todos os verdadeiros mestres espirituais possuem fino senso de humor e muitos de seus ensinamentos têm um lado engraçado". (ENDORFINAS – A droga da felicidade).

Vou contar-lhe uma historinha que me veio à cabeça agora mesmo. Pode ser que faça funcionar sua veia humorística.

***

Havia duas velhinhas, bem velhinhas, que se encontravam todos os dias para jogar baralho, num bar. Nesse dia, a conversa corria solta e alta, mas estava incomodando um homem que escutava o futebol pelo rádio.

Lá pelas tantas, o homem não se conteve e reclamou:

- Por favor, senhoras, assim eu não ouço nada!

- Ora essa – resmungou uma delas – e que interesse o senhor tem de escutar a nossa conversa?

Depois de muito baralho e muita conversa, a mais velha voltou-se para a amiga e falou:

- Olha, não me leve a mal. Nós somos amigas há tanto tempo e agora não consigo me lembrar do seu nome, veja só a minha cabeça. Qual é mesmo o seu nome?

A outra olhou fixamente para a amiga, por uns dois minutos, coçou a testa e respondeu:

- Você precisa dessa informação para quando?

- Está bem, deixa pra lá, afinal de contas falta de memória não é o fim do mundo.

- É mesmo, outro dia uma senhora, que eu nunca tinha visto, me cumprimentou na rua:

- Olá, Maria Antonieta, como você mudou!

Eu disse que não me chamo Maria Antonieta.

- Pois, veja só, Maria Antonieta – respondeu ela – até o nome você mudou.

- Eu não sou Maria Antonieta!

- Está vendo, Maria Antonieta? Ficou teimosa, também o temperamento você mudou.

- Mas já disse que não sou nem nunca fui Maria Antonieta!

- Eu compreendo, Maria Antonieta, a idade faz perder a memória.

- Meu nome é Chica, entendeu?

- Não me diga, Maria Antonieta, que você tem dupla personalidade: Chica hoje, Maria Antonieta ontem?

- Pare de me chamar de Maria Antonieta!

- Está bem, Maria Antonieta, não vou mais chamá-la de Maria Antonieta. Mas é. Só que era gorda que nem uma baleia, e agora está magrinha que nem cabo de vassoura. Até o corpo você mudou.

- Isso é verdade, perdi quinze quilos, tive que extrair um rim.

A mulher se espantou:

- Credo, Maria Antonieta! Eu não sabia que um rim pesava quinze quilos!

A velhinha companheira aproveitou a deixa e perguntou:

- Afinal, você é Chica ou Maria Antonieta?

- Eu? Faz tanto tempo que fui batizada que nem lembro do nome. Acontece-me de vez em quando uma baita dor de cabeça que me faz perder a memória.

- Se perdeu a memória, procure-a com calma. Quem procura acha – consolou-a a companheira de baralho.

- O doutor me aconselhou a dormir de janelas abertas para oxigenar melhor o cérebro e assim ficaria curada da dor de cabeça.

- E daí, melhorou?

- Piorou. Os ladrões entraram pela janela e me roubaram a carteira de dinheiro. Mudando de assunto, comprei um livro fantástico para ter excelente memória. Já o li três vezes.

- Como é o título?

- Título de quê?

- Do livro.

- Que livro? Falei em livro?

- Sim, você disse que comprou um livro excelente para aumentar a memória. Qual é o título?

- Não lembro.

- Quem é o autor?

- Amiga, você está querendo demais. Como posso

saber o autor se faz apenas três meses que tenho o livro?

- Então, do que é mesmo que trata o livro?

- Livro? Quem está falando em livro, querida?

- Você.

- Eu?

- Sim, um livro sobre como desenvolver ótima memória.

- Ora, amiga, quem disse que preciso aumentar a memória? Não sei de livro nenhum.

- Bem, já é tarde, vamos embora?

- Vamos. Só tem um probleminha: onde é mesmo que eu moro?

- Mas o seu livro de memória não ensina a se localizar?

- Quem é que disse que eu tenho livro de memória?

- Tudo bem, vamos embora.

Chica volta-se para o homem de pé, ao seu lado:

- E o senhor, é o dono do bar?

- Não.

- Dono do baralho?

- Não.

- É o guarda?

- Não.

- Quem é, afinal, o senhor?

- Sou seu marido, estou aqui com o carro para levá-la pra casa.

- Meu marido? Tem certeza que casei com um sujeito tão feio assim?

***

Então, conseguiu rir? Pode considerar um teste anti-estresse.

***

O New York Times publicou esta mensagem de psicólogos norte-americanos: “O humor não serve só para contar piadas; constitui também um estimulante intelectual, que, utilizado com medida e sabedoria, melhora o rendimento no ensino para crianças e adolescentes, aumenta, nos adultos, a produtividade e a criatividade no trabalho, ajuda a criar laços sociais, a desbloquear situações tensas, e contribui ainda para recuperar doentes”.

18

Pise no outro e suba

Não, não é um conselho. Longe disso. Seria consagrar a suprema ignorância e maldade. Mas, infelizmente, há muita gente que pretende subir derrubando os outros e passando por cima deles. Método patrola. Dizem que o mundo dos negócios é uma selva em que o maior engole o menor e tudo bem. Competição para eles é palavra angelical. A ordem é: derrube, pise, mate, fique de tocaia, monte armadilha, pegue o outro de surpresa, aperte o pescoço, jogue-o fora e seja dono do campinho. Ninguém mais atrapalhando, ninguém fazendo concorrência, ninguém barganhando. Pista livre, vento a favor, riqueza à vista, progresso sem fim e sem fundo. É a crença deles.

Justificam:

- O ser humano é mau e predador, por isso há que o pegar pelo pescoço e dar-lhe o golpe de misericórdia!

Que filosofia mais indigna! Que atitude mais safada!

Muitos, no entanto, acreditam que a vida é assim mesmo: mata ou morre. Não falo no sentido literal, mas em termos de negócio.

Começo apondo um velho e sábio ditado: "Quem com ferro fere, com ferro será ferido". É bom também relembrar a Lei do retorno: "Todo bem e todo mal, feitos a alguém, acontecem em quem o praticou e retornam multiplicados". Não há como escapar às Leis universais, que sempre se autocumprem, independente da ignorância do mundo.

Não é por nada que o povo repete: "Aqui se faz, aqui se paga".

No fundo, qualquer indivíduo sabe que pode enganar os outros, mas não a si mesmo. Não adianta querer afogar a voz da consciência universal, ela sabe nadar.

Além de tudo, a sabedoria ensina e eu vivo repetindo: "O descaminho nunca leva ao caminho".

Mas, há um detalhe que me interessa comentar aqui: essa mentalidade é drasticamente estressante. Quem abriga esse modo de vida, torna-se pessoa ansiosa, desconfiada, truculenta, sufocada por sentimento de culpa, insensível e brutal. O fato de usar terno e gravata, sapato italiano, beber uísque escocês, degustar caviar, e rir da queda do concorrente, não desfaz a efervescência interna que gera angústia existencial, medos, pressão alta, problemas estomacais, enfraquecimento do sistema imunológico, insônia, dores de cabeça, envelhecimento precoce, e outros males que vão fazendo companhia indesejável.

Há pessoas duras, que derrubam quem aparecer na frente, e depois entram na igreja, fazem o sinal da cruz, rezam como todo mundo, falam de amor como todo mundo, pedem perdão como todo mundo, e continuam fazendo a mesma coisa. Esses já descobriram que Deus não castiga ninguém, mas não sabem que a vida é justa e responde de acordo com as atitudes, pensamentos, crenças e atos de cada um.

Quando leem sobre a escravatura negra e indígena, essas pessoas são tomadas de horror e repúdio, mas não conseguem perceber que estão fazendo a mesma coisa com seus irmãos atuais de planeta.

Na última vez que fui realizar Jornada do Poder da Mente na Alemanha, um casal amigo me levou a conhecer o sul daquele país e chegamos até Triberg, quase nos confins da floresta negra. Triberg é cidade famosa pela fabricação de relógios-cuco. Na volta, desejei conhecer o Campo de Concentração de Dachau. Meu amigo alemão não quis ver aquele museu de horrores. Quando retornamos ao carro, ele comentou: "E a humanidade não aprende. Está acontecendo quase o mesmo tipo de genocídio, nesses países do leste, que estão atualmente em guerra".

Será que posso aplicar as palavras do amigo a você, que amaldiçoa o descalabro da humanidade, mas pisoteia o pescoço dos empresários concorrentes, como se fossem peste a ser eliminada?

Talvez você pense que sua atitude agressiva na economia é uma forma necessária de sobrevivência e progresso, mas que, fora disso, é um bom pai, marido carinhoso, amigo dos amigos, religioso fiel. Aí vem a filosofia e a teologia a contrapor: "Os fins não justificam os meios". Quer dizer: progredir é saudável, mas os meios para chegar a tal resultado não podem ser maus. Por outras palavras, é equívoco querer alcançar o bem pelo uso do mal. Evidente.

Pela análise do badalado dueto "custo-benefício", não vale a pena estourar a saúde, salpicar de sangue a alma, viver nervoso e achacado, perder anos de vida, criar inimizades e hostilidades, por insistir em usar o descaminho para tentar chegar ao caminho do sucesso.

Mas, ainda é tempo. Mude de atitude, retome o bom senso, respeite o ser humano, use o método sábio de negociar:

"Todo negócio é bom quando é bom para os dois lados".

Trate o outro como se o outro fosse você.

Por sinal, o grande Mestre já ensinava: "Não faça ao outro o que não quer que o outro faça a você". E parabéns!

19

A escolha é sua

Todos os dias e todo o santo dia você terá que escolher: se quer ou não quer, se aceita ou não, se faz ou não, se acredita ou não, se releva ou não, se aprende ou não, se discute ou não, se perdoa ou não, se ora ou não, se sorri ou não...

Sugere Herbert Bayard Swope, jornalista e escritor norte-americano, (1882-1958), que você se faça estas perguntas:

"Por que tem que ser feito?
Por que tem que ser feito agora?
Por que tem que ser feito desta maneira?"

Os fatos até podem ocorrer fortuitamente, mas caberá a você determinar o que significarão para sua vida. Cabe-lhe o direito de levá-lo para dentro de si ou abandoná-lo fora. Isto significa que você é autor da sua vida. A opção é sua.

Pessimista é aquele que tendo que escolher entre duas coisas, prefere a pior.

O pessimista vê em cada oportunidade uma calamidade. O pessimista tem a resposta na ponta da língua para todos os projetos: "Não vai dar certo". É como aquele castelhano que pisou a fronteira brasileira e perguntou:

- Acá hay gobierno?

- Hay, si señor – respondeu o policial, de peito estufado.

- Pues yo soy contra! – proclamou o homem, de cabeça erguida.

Será que você não carrega o instinto pessimista e o cacoete "do contra"?

De duas, uma: ou você analisa calmamente as situações e toma decisões positivas, de acordo com seus desejos, ou é contra, seja lá o que for.

Conheci um senhor que era do contra por natureza.

- Vamos ao Restaurante Chimango?

- Sou contra. Come-se mal.

- Quer uma cervejinha?

- Sou contra a bebida!

- Que tal um passeio pelo rio Guaíba?

- Sou contra. Nem me fale. Água poluída.

- E uma praia para curtir esse calorzinho?

- Sou contra. As areias estão contaminadas.

- O Mané nos convidou para um churrasco na casa

dele, amanhã.

- Sou contra. O Mané é papo-furado e o churrasco dele é duro que nem couro de elefante.

- Me diga uma coisa: você é sempre do contra?

- Não, só algumas vezes.

- E as outras vezes?

- Também sou contra.

A agulha do seu disco mental ficou travada na palavra contra. Ele era contra até contra cada contra que dizia.

Perguntaram a um homem alegre e bem-disposto, que festejava cem anos, como ele conseguia ser feliz com essa idade.

Ele respondeu:

- Todas as manhãs, ao acordar, eu tenho que fazer uma escolha: se hoje serei feliz ou infeliz. Tenho sempre escolhido ser feliz.

Percebeu que você está sempre diante de duas possibilidades?

A escolha lhe pertence:

Viver o dia de hoje
ou viver o dia de ontem.

Dizer que vai cada vez melhor
Ou que vai de mal a pior.

Sorrir diante das dificuldades
ou se queixar e vociferar de raiva.

Culpar os outros e atribuir-lhes seus males
ou entender que você é o autor da sua vida.

Acreditar que você faz a vida
ou acreditar que a vida faz você.

Considerar-se inteligente e forte
ou julgar-se incapaz e dependente.

Ter-se como pessoa bem-sucedida e de sorte
ou acreditar-se incapaz e azarado.

Pensar positivamente
ou analisar tudo negativamente.

Como você vê, sobram dois caminhos diante de si: um leva ao estresse, outro se abre à alegria e à saúde.

Não se queixe, faça a escolha mais vantajosa. Você é livre.

Não espere a casa cair, para começar a agir com sabedoria. Diz um provérbio popular: "Só percebemos o valor da água depois que a fonte seca". Esteja atento e a fonte nunca secará.

20

Família sem estresse

Numa aldeia dos Andes, uma menina carregava um neném nas costas.

Perguntou-lhe um turista?

- Ele não é pesado?

- Não – respondeu ela – ele é meu irmão! (Citado por Robert C. Savage)

A família é a mais bela invenção do instinto humano. E a mais antiga.

Por sua própria natureza, a criatura humana encontra na família o habitat vital.

Sem a presença, a proteção, o aconchego e o amor da família, a criança não subsistiria. O animal sim, o ser humano não.

Família é ninho dc bcm-cstar.

Em meio às tropelias da vida, a família é o refúgio, a casamata, a segurança.

Diante de um mundo de temores, agressões, incompreensões, a família é o oásis de paz. Nesse pequeno mundo, não há solidão, as tensões se diluem, o estresse evapora. Teoricamente, claro.

Família - halo e elo de amor.

Família – mística da convivência encantada.

Família - palavra envolta numa aura doirada de ternura e felicidade.

Antes que você diga que isso é apenas idealização, sonho das mil e uma noites de verão, apresso-me a explicar que estou falando em tese. Como não se trata de um grupo angelical descido dos céus, mas de seres humanos, com todas as idiosincrasias pessoais, fica claro que vai uma distância razoável entre o ideal e a realidade.

Numa família, existe um marido e pai, com sua psicologia própria, com sua estrutura personal, com seus defeitos e qualidades, crenças, conceitos e preconceitos; existe uma esposa e mãe, advinda de um mundo diferente, criada em estilo de vida especial, marcada pela psicologia feminina, com sua mentalidade cultural; existe o filho ou a filha, ou ambos, cada qual formando um planeta diferente, todos girando na mesma órbita.

De repente, pensa-se que é difícil acontecer uma família com os significados atribuídos acima. Mas, não é.

Não é, pelo fato de que todos os membros são afetados positivamente por laços indissolúveis, que transcendem os episódios do dia-a-dia. Aconteça o que acontecer, o refúgio natural é a família.

À família, poder-se-ia aplicar duas comparações: como um avião em que os passageiros viajam juntos, com o mesmo objetivo, em fraternidade, protegidos do frio e das intempéries, unidos até o destino; ou como um saco de gatos, em brigas constantes, não se entendendo, se arranhando todo dia, vivendo um verdadeiro inferno astral.

No primeiro caso, a família é um maravilhoso recanto desestressante, refúgio de paz e amor, jardim de variedades formando bela paisagem. Aqui, os abraços, o carinho, a compreensão, a mútua-ajuda, os laços fraternos, liberam endorfinas, chamadas hormônios do bem-estar e da felicidade. Uma família assim, contribui muitíssimo para a saúde de cada membro.

Um estudo chegou à conclusão de que familiares que se abraçam e são carinhosos entre si liberam oxitocina, hormônio prazeroso antiestressante, e têm pressão arterial em níveis saudáveis.

No segundo caso, a família agudiza as tensões do dia-a-dia, levando seus membros ao estresse e esse gerando enfermidades, somatizadas nos órgãos mais frágeis de cada um: alguém pode sofrer problema de natureza emocional, mudança de temperamento, tornar-se taciturno, entrar em depressão; outro pode ser um revoltado; outro, ainda, corre o risco de buscar compensação nas drogas ou na bebida. Há pessoas que não suportam tensões e contrariedades e se servem de calmantes ou estimulantes, cujos efeitos secundários, se não controlados, podem causar ainda mais estresse.

Quando a normalidade da vida familiar é alterada, as endorfinas e oxitocinas são estancadas, abrindo caminho para o estresse.

Certas exigências, como uniformização de pensamentos e crenças, regras draconianas de funcionamento familiar, desrespeito às individualidades, injustiças, preferências, incoerências, não aceitação da profissão escolhida por alguém, podem complicar a harmonia familiar.

Como manter relacionamento agradável, pacífico, justo, na família?

* Cada um cumprindo sua função, sem necessidade de ser relembrado a cada dia. Por exemplo, quarto limpo, em ordem; louça lavada, conforme combinado; não comer nos sofás; não levantar demais o som, o rádio, a tevê; coisas assim.

* Manter espírito esportivo, isto é, evitar rompantes, berros histéricos, intolerâncias desatinadas.

* Cultivar o sorriso, a capacidade de expandir alegria.

* Agir corretamente fora de casa, para evitar situações

constrangedoras e complicadas aos demais familiares.

* Saber ceder, quando necessário e importante, sem se fazer de vítima.

* Por fim, trate o outro como se o outro fosse você.

21

Negócios sem estresse

Venha cá, vou colocar você numa conversa que mantive com um empresário criativo e inteligente. Subíamos a serra rumo à Casa da Península e comentávamos sobre as idéias que colocaria neste livro.

- Vou lhe dizer um coisa, Lauro - começou ele. – Como empresário metido nessa selva econômica, não creio que seja possível pôr em prática suas idéias de calma, paz de espírito, descanso, lazer. Você vive num mundo diferente. Aqui fora, a coisa é briga de foice. Quem menos corre, voa. Se eu fico fazendo meditação, quando saio pra rua já estou comendo poeira. A vida dos negócios é essa. Infelizmente.

- Por que você entende que não pode manter a calma e a paz de espírito? – perguntei-lhe.

- Ora, Lauro, por uma questão de lógica: quem corre chega na frente. Certa vez, ouvi você dizer esta frase latina: "Tardis venientibus, ossa". Aos que chegam tarde, os ossos.

Redarguí:

- Também disse que os apressados chegam mais cedo no céu. Mas, voltando ao assunto: acha você que a calma e a paz de espírito atrapalham o sucesso nos negócios?

- Penso que sim – insistiu ele. – No mundo dos negócios, a correria é grande: projetos, estudos ambientais, estudo das necessidades das pessoas, espaço físico, conhecimentos de mercado, assessores à altura, produto competitivo, visão global, e mais o pulso financeiro para não só evitar a bancarrota, mas extrair o máximo de lucros. Ficando em casa, na base da paz e amor, brincando com o cachorrinho, não se chega lá.

Ponderei-lhe:

- Muito bem! Para alcançar esses objetivos você colocou um rosário de atividades, que exigem trabalho insano o tempo todo. Mas, nesse caso, não está você correndo diretamente rumo ao estresse? Cem por cento dos entendidos afirmam que o organismo não tem lastro para suportar tensões constantes. Haja adrenalina, cortisol, noradrenalina, coração a toda, sistema imunológico fazendo água, estômago se ressentindo, sono defeituoso! Estresse na certa. Prefere ser rico, próspero e doente? Ou é melhor ser rico, bem-sucedido e saudável? Parou para pensar o que significa a doença? Um breque súbito na vida, a cama, o médico, os remédios, as limitações, o envelhecimento precoce...

- Você está sendo catastrofista! Não é bem assim!

- Mas, vamos ao que lhe interessa diretamente: ter sucesso nos negócios e prosperar. Sabe você como funciona o cérebro, central das análises e decisões? Quanto mais acelerado o ritmo cerebral, nível beta elevado, maior a incapacidade de raciocínio, a confusão mental, o descontrole, a chance de dar errado o negócio. A mente não está nas melhores condições de lucidez. A pessoa mais indicada para fazer péssimo negócio é o estressado, o apressado, o sem-tempo, o maldormido, o que vive de calmantes e estimulantes.

O homem recostou-se no assento, suspirou, e quis saber:

- Como deve estar uma pessoa para ter êxito nos negócios?

- Em calma e paz de espírito.

- De novo com essa? – exclamou ele, aborrecido.

- É só você compreender que a inteligência, a lucidez, a memória, a intuição, a capacidade de decisão, a visão do negócio sob os mais variados ângulos, é proporcional ao estado mental calmo e à paz de espírito. Se você baixa o nível cerebral a uma média de dez ciclos por segundo, entra no chamado nível alfa, e este oferece a melhor condição para o exercício da inteligência e o êxito em negociações. Para alcançar esse estágio mental e cerebral, o caminho é a calma, a paz de espírito, o relaxamento, a meditação, a oração, a contemplação, a mentalização.

- Será mesmo? – surpreendeu-se o homem.

- Essa sabedoria é milenar. O Mestre a ensinou, há dois mil anos: "Bem-aventurados os calmos porque eles possuirão a terra". Nas outras bem-aventuranças ele diz como alcançar o reino dos céus, a justiça, a alegria, o desapego, a pureza de coração. Nessa que citei, ele revela que só os calmos possuirão a terra, ou seja, os bens materiais, a riqueza, a prosperidade. Ele falou com sabedoria, porque os calmos analisam melhor, compreendem melhor, decidem melhor. Os agitados, nervosos, confusos, apressados, trocam os pés pelas mãos, entram por vias atrapalhadas, caem em armadilhas e se revolvem em problemas econômicos e financeiros.

O homem ficou pensando por longo tempo. Notei que era realmente lúcido, pois tratou de metabolizar o que ouviu, ao passo que outros erguem a voz, radicalizam, negam qualquer idéia contrária e saem chateados.

Pois bem, e você? Não foi por nada que o coloquei no meio da nossa conversa. Que pensa das idéias do empresário e dos meus argumentos?

Agora é você que tem a palavra. Assistiu ao nosso diálogo, ouviu as duas partes, dê a sua opinião.

Para complementar esse assunto, poder-se-ia falar que este é o milênio do espírito.

Até aqui o ser humano sempre foi dominado pela matéria. O dinheiro em primeiro lugar, depois o resto. Do ponto de vista primário, ele está certo, porque sem a matéria é impossível subsistir. O mundo material, portanto, é essencial. Nem só de pão vive o homem, mas também de pão. O equívoco ocorre quando o homem só conhece a matéria, só vive na matéria e dela. Neste caso, deixa de usar seu potencial maior e cai facilmente no submundo do sofrimento e da frustração. Não resisto a contar-lhe a piada do político que proclamava alto e bom som, no palanque do comício: "Vote em mim. Nasci nesta terra, sou desta terra, vivo nesta terra e morrerei nesta terra!". Alguém, lá do fundo, gritou: "Vai ver que é minhoca!" O homem que vive abaixo da linha mental e espiritual não é muito diferente da minhoca. Talvez um animal mais intuitivo, de cérebro mais aguçado que o gorila. Melhor dito, é um terço do ser humano, essencialmente composto de matéria-mente-espírito.

O fato é que a criatura humana é matéria, mente e espírito. Esta é a dimensão mais elevada, a que faz com que a criatura seja humano-divina. Não basta, pois, ficar apenas na dimensão material, pois esta é primitiva, de pouco alcance vital. Sem alçar-se às alturas da mente e do espírito, a pessoa terá que se haver num mundo descontrolado, confuso e doentio. O Poder de autorrealização está na mente, no pensamento, e a Força realizadora é atribuição do espírito. Este, em última análise, é o divino no humano. O que não se consegue pela via material, consegue-se através da mente e do espírito. Os empresários já começaram a se dar conta dessa realidade.

Agarrar-se apenas à matéria é esquecer que dinheiro

não beija, não abraça, não tira da solidão, não ama, não elimina o vazio existencial. Há uma dimensão mais alta que, uma vez atingida, traz alegria de viver, felicidade, amor, segurança, energia vital e harmonia em todas as instâncias do ser.

De mais a mais, é ótimo saber que, quando tudo falha, quando só restam escombros, quando os medos torturam, quando não há a quem apelar – existe a grande esperança, a solução de tudo, em quem confiar, a quem apelar: Deus, o Supremo Espírito, de onde é originário o espírito humano. Jesus o chamava de Pai. Isso é extraordinário!

Empresário não é matéria se revolvendo na matéria. É um filho de Deus, oriundo da Suprema Felicidade, que usa o poder e a sabedoria para ser feliz, próspero, e tornar o mundo melhor.

22

Estresse espiritual

Talvez você se indague se existe realmente estresse espiritual, já que esta palavra indica relação com a dimensão mais alta, significando inclusive contato com Deus, que sempre é paradigma de amor e paz. Sim, existe estresse espiritual. Acontece quando há desvios e equívocos na relação com Deus, por exemplo, quando alguém se perturba com a pregação exaustiva sobre o fogo do inferno para os pecadores, com os castigos de Deus, e com os anátemas ameaçadores de certos escritos. Há crentes que dogmatizam tudo o que o pregador diz, caindo em escrúpulos sem fim. Há religiosos que exacerbam a culpabilidade, temerosos, noite e dia, de romper, uma vírgula que seja, as regras impostas. Enfim, há muitas formas de uma pessoa entrar em estresse espiritual. As regras foram feitas para o ser humano e não o contrário. Quem sabe, seria bom considerar a sabedoria tibetana: "Conheça as regras, mas quebre algumas, se possível". Isso evita a rigidez mental e espiritual.

Contam que existiu um pregador, chamado Choant, cujo tema predileto era o inferno. Certa vez, desandava ele uma oratória virulenta, avisando que no inferno haveria choro e ranger de dentes: "E os pecadores rangerão os dentes sem fim, por todos os tempos dos tempos". Uma velhinha, do primeiro banco, estava apavorada, pois sua vida tinha sido bastante complicada. Não se conteve, levantou-se, e perguntou ao orador:

- E como é que vou ranger os dentes se não tenho mais nenhum?

- Não se preocupe – pontificou Choant – lá eles lhe darão dentadura postiça para que possa ranger os dentes por toda eternidade.

Você pode dizer que esses sermões expressam a verdade. Não, a essência de todas as religiões é o amor e o amor é fonte de luz, felicidade, energia, saúde, e não o contrário. Por tudo que aprendi, minha definição de religião é esta: "Deus na vertical e amor na horizontal". Simplesmente. Se você quer saber mais sobre o que estou falando, leia este trecho fantástico da primeira carta de Paulo aos habitantes de Corinto:

"Ainda que eu falasse línguas, as dos homens e as dos anjos, se eu não tivesse amor, seria como um bronze que soa ou como o címbalo que tine.

Ainda que eu tivesse o dom da profecia, o conhecimento de todos os mistérios e de toda a ciência;

Ainda que tivesse toda a fé, a ponto de transportar os montes, se não tivesse amor eu nada seria.

Ainda que eu distribuísse todos os meus bens aos famintos;

Ainda que eu entregasse o meu corpo às chamas, se não tivesse amor, isso nada me adiantaria.

O amor é paciente e benigno,
o amor não arde em ciúmes,
não é invejoso, nem se ensoberbece,
não se conduz inconvenientemente,
não é egoísta, não se exaspera,
não guarda rancor,
não se alegra com a injustiça,
mas se regozija com a verdade.

Tudo desculpa, tudo crê,
tudo espera, tudo suporta.
O amor jamais passará". (13,1-8)

Você conhece algumas regiões do planeta que, há milhões de anos, eram florestas, cerrados, terras produtivas, e hoje são desertos inóspitos.

Se rememorar a sua caminhada existencial, reconhecerá que, em outros tempos, era cheio de vida, empolgado com grandiosos ideais, a autoconfiança no topo do termômetro, certo de que um futuro abençoado o aguardava. Ia à igreja, rezava, cantava, acreditava em Deus, tinha certeza de que a fé move montanhas e que o Infinito lhe destinara uma vida feliz e exitosa. Lembra-se que até caçoava daqueles que jaziam nas sombras do pessimismo, afundados em desânimo total?

Agora, passados alguns anos, você contempla, surpreso, o surgimento, em sua mente, de imensos desertos desoladores, grandes dimensões de aridez avançando sobre os espaços vitais do seu coração. Deus, fé, igreja, otimismo, elevada auto-estima, foram devastados por tempestades existenciais. O vazio espiritual tomou conta de boa parte do seu território.

Desceu a bandeira da fé na vida e subiu a bandeira da frustração.

Você caminha sobre as areias do tédio, com cara de quem tomou café com borra. Sai para a rua, entra no shopping, vai ao seu negócio, volta para casa e, que fenômeno estranho, parece que está só no mundo. Sozinho no mundo. Você e o deserto. Os amigos desapareceram, às vezes ainda ocorre algum "bom-dia, oi, como vai", dito às pressas e sem qualquer significado; os objetos que outrora o fascinaram e exigiram batalha de herói para a aquisição, nem existem mais. Quantos colegas, amigos, parentes, vizinhos, já partiram para o outro lado! Viagens de belas expectativas, festas outrora divertidas, hoje não dizem mais nada. Os dias tomaram cor cinzenta... Afinal, o que está acontecendo?

Se posso dar opinião, você perdeu o foco da vida. Não teve tempo de pensar no melhor e agora está na companhia do que plantou e colheu. Como tem a sensação de que mais perdeu do que ganhou, suas mãos estão vazias. E o pior é que, como resultado, a saúde também se ressentiu. Você percebe que já não é mais o mesmo.

É muito provável até que todo esse sentimento estranho você esteja vivenciando dentro do seu palacete, construído para ser seu paraíso, com um belo carro na garagem, família em altos papos no andar de baixo e as finanças navegando no barco da abundância. Nada impede que você esteja invadido por uma espécie de saudade indefinida, impalpável, mal e mal apagada de vez em quando por um bom vinho extra, num restaurante à luz de velas.

Então, você fica cada vez mais intrigado e cada vez mais perturbado com a própria perturbação.

Tudo vai bem e você vai mal. Que fenômeno é esse?

Vamos tentar descerrar o véu do mistério?

A matéria, com a qual se preocupou, com razão, a vida inteira, agora não consegue lhe dizer uma palavrinha sequer de conforto, de ânimo, de alegria, de entusiasmo. Ela está aí, parada, fixa como estátua de mármore, fria, densa, insensível. Sequer pisca para você. Lutou tanto a fim de levar para casa essa matéria, fascinado pela beleza, pelo atrativo, pelo valor, pelo significado monetário, pela resposta às suas ambições, e ela agora não lhe oferece nada, não lhe dá a mínima, permanece rígida, inerte, sem tomar conhecimento da sua presença e do seu estado de ânimo.

Mas, também, não estaria você exigindo demais que um ser do reino mineral ou vegetal lhe satisfizesse as exigências da mente e do espírito?

Será que não foi um cochilo de sua parte pensar que a matéria pudesse iluminar sua mente, inundá-la de amor, felicidade, paz e alegria de viver? Logo a matéria, que, por si mesma, não tem poder sequer de mexer uma palha.

Conhece a lenda do rei Midas? Certa vez, Baco deu por falta de Sileno, seu mestre e pai de criação. O velho andara bebendo e, perdido no caminho, foi encontrado por camponeses que o levaram ao rei Midas, de quem eram súbditos. Midas reconheceu-o, deu-lhe honrosa hospedagem durante dez dias e depois o entregou são e salvo ao seu pupilo Baco. Este, agradecido, concedeu a Midas o direito de escolher qualquer recompensa que quisesse. Midas, entusiasmado, pediu que tudo que tocasse virasse ouro. Baco consentiu, embora pesaroso por não ter ele escolhido coisa melhor. Já a caminho de retorno, Midas via fascinado que tudo que suas mãos tocavam, ramos de árvore, pedras da estrada, madeiras, se transformavam em ouro. Já sonhava com palácios de ouro, carruagens doiradas, e sua euforia não tinha limites. Mal chegado ao palácio, mandou preparar um grande banquete. Ao tomar nas mãos os alimentos, viu, horrorizado, se transformarem em ouro. O pão, ao toque de suas mãos, enrijecia e virava ouro, o vinho descia garganta abaixo como amálgama de ouro. Apavorado, prevendo a morte por inanição e intoxicação metálica, implorou a Baco para que lhe retirasse o poder que sua cobiça havia conquistado. Baco, um deus de benevolência, aceitou sua súplica e disse-lhe:

- Vai ao rio Pactolo e segue a corrente até a fonte de origem, ali mergulha tua cabeça e teu corpo, para lavar tua culpa e teu castigo.

Assim fez Midas e assim aconteceu.

Existem muitos Midas por esse mundo de Deus. Sonham com ouro, buscam-no dia e noite, e, não raro, abarrotam suas contas com riqueza material.

Mas, quando a matéria ocupa os espaços da mente, do coração e do espírito, a vida definha e sobra a inanição existencial.

E, agora, é tarde, muito tarde?

Nunca é tarde demais. Existe um rio Pactolo, que lava a mente, o coração e o espírito, e a vida volta a sorrir, a felicidade a iluminar o coração e o otimismo a brilhar nas dimensões da mente.

Nunca é tarde. Sua vida não é nenhuma tragédia fatal. Apenas aconteceu uma onda de enfado, como as ondas de gafanhotos de antigamente, que está dizimando sua alegria de viver.

Você tem tudo para ser feliz e não é. Sempre aparece o céu acinzentado. Falta sol.

Este é um momento crucial: ou você arremete e sobe às alturas da mente e do espírito, ou desce a ladeira da depressão. Por enquanto, você tem as rédeas do seu destino.

Na calma da meditação, sua lucidez e clarividência

descobrem que há apenas uma dicotomia entre os anseios do seu coração e o que você tem à disposição para satisfazê-lo. Seu coração, sede de seus sentimentos e emoções, quer alegria, quer felicidade, paz, entusiasmo, e você, neste momento, só tem a oferecer-lhe dinheiro, palácio, móveis novos, carro de alta tecnologia, viagens, turismo.

SOLUÇÃO DA CRISE EXISTENCIAL

Mas, tudo tem solução. Nunca é tarde.

Lembra-se da historieta daquela filha que levou o pai idoso a uma festa? Já beirava a meia-noite e o pai nem pensava em voltar para casa. A filha, muito solícita, pegou-o pelo braço:

- Pai, vamos embora, que já é tarde!

- Minha filha – respondeu o pai – antes da meia-noite nunca é tarde e, depois da meia-noite, é muito cedo!

Pois é, nunca é tarde para retomar a alegria de viver e fazer a festa da vida. Até porque a vida é sempre de graça, oferecida cada dia em pacotes de vinte e quatro horas. Sem possibilidade de acumular o que não usou.

Que fazer para mandar embora o tédio e desfrutar a vida?

Nada que não possa ser feito. E com facilidade.

Um dia, uma senhora, após me ouvir em entrevista na televisão, em Lisboa, me disse que eu era o filósofo da facilidade, que para mim tudo era fácil, mas a vida não era bem assim.

Respondi-lhe que, a meu ver, só existem duas situações em que a vida é difícil: quando a pessoa acha que é difícil, porque, nesse caso, o subconsciente cumprirá para que seja difícil; e quando a pessoa ignora que a vida é fácil e segue por caminhos tortuosos.

Hoje em dia, já não é necessário provar que nós somos o que pensamos e acreditamos. Esta verdade já era clarificada, há milênios, pela sabedoria da bíblia: "Pois ele é tal qual seus pensamentos". Já citei essa verdade. Muitos livros foram escritos sobre isso, muitas entrevistas de televisão e rádio, assim como muitos artigos de revistas e jornais sedimentaram na mente do povo essa certeza, tanto que a toda hora você ouve pessoas falando em pensamento positivo.

Pois bem, o que fazer para vencer a crise existencial?

Antes de tudo, é mister reconhecer que a sua situação atual não é o todo da vida, mas apenas uma parcela. Um episódio não é o todo.

Esse deserto é efeito de uma causa. Diz a filosofia que mudando-se a causa, muda-se o efeito. Enquanto você estiver na chuva, continuará se molhando. Por mais que se queixe da chuva, das roupas encharcadas, da gripe que o ameaça, nada mudará se não sair da chuva. Para mudar o efeito, há que mudar a causa.

Ensina um velho ditado latino que "contrária contráriis curantur". O contrário se cura com o contrário.

Qual é o contrário de tédio, desânimo, saudade

indefinida, enjoo existencial?

Arrisque uma resposta. Ajude-me.

- Prazer de viver? Felicidade e otimismo? Perspectiva estimulante? A descoberta de um sentido mais alto e grandioso para a vida? Uma omelete de todas essas idéias?

Somos unidade corpo-mente e mente-corpo. A mente age e o corpo reage de acordo. Dessa forma, estados prazerosos, de alegria, de amor, de paixão, de felicidade, de paz, de otimismo, de positivismo, bem como estados físicos propiciados por caminhadas, tomada de sol, contato com a natureza, ginástica, esportes, sexo, levam o organismo a liberar o hormônio chamado endorfina, tido como o hormônio da felicidade e da euforia.

Mas, há uma saudade sutil, que precisa ser desvendada: a tendência natural e inata ao espiritual.

Há um ímã poderoso no âmago do ser humano que o atrai para o campo espiritual. Essa energia centrípeta leva a pessoa até a Força maior: Deus.

Agostinho de Hipona, (354-430 DC), escritor, pensador, filósofo, teólogo e santo, teve uma juventude inquieta, dissoluta, apegada à crença do maniqueísmo, mas continuou estudando cada vez mais profundamente, até descobrir o caminho que pudesse satisfazer seus anseios insaciáveis de felicidade. Encontrou Deus no seu íntimo e exclamou: "Eis que habitáveis dentro de mim e eu lá fora a procurar-vos. Por conseguinte, eu não existiria, meu Deus, de nenhum modo existiria se não estivésseis em mim".

Talvez seja essa saudade imponderável do Infinito que atraia tanto o homem do terceiro milênio para o mundo espiritual.

Norman Mailer, escritor, um dos grandes nomes da literatura norte-americana, duas vezes ganhador do prêmio Pulitzer, morreu em 10 de novembro de 2007, com 84 anos. Marxista e ateu a vida toda, comentou que havia encontrado a fé no final da sua existência: "Minha conexão com a religião é interna e passional. Creio que Deus existe porque vivi durante anos como ateu e tinha grandes dificuldades em tentar explicar-me filosoficamente como podemos chegar à existência "ex nihilo!" ("do nada", em latim).

Se o homem fosse somente matéria, sentir-se-ia satisfeito em meio ao mundo material; se fosse apenas mente e matéria, sentir-se-ia completo no mundo da inteligência, da cultura, do conhecimento. Como, além disso, é espírito, e este é a fagulha divina, a Divindade, o Infinito, não conseguirá a sua plenificação se não mergulhar na dimensão mais alta de si mesmo, onde fará contato com Deus, o Pai, o Poderoso, o Protetor, o Criador.

Agostinho de Hipona identificou a origem de suas inquietudes, dizendo: "Fizestes-nos para vós, Senhor, e nosso coração não descansará enquanto não repousar em vós!"

O ser humano sente que falta algo e que esse algo é que faz o deserto da vida e pinta de cinza e nevoeiro o coração. Muitas vezes, não sabe o que é, mas sente aquilo que o filósofo existencialista Paul Sartre chamava de náusea existencial.

Nos tempos atuais, observa-se um fenômeno interessante: as pessoas são mais espiritualizadas, mas há menos frequência às igrejas. Há mais busca de Deus e menos busca de religião. Há mais crença individual e menos coletiva. Há mais relação com o Infinito e menos regras e mandamentos.

O espiritualismo é mais simples, mais sentimento, mais fé, mais amor, e menos burocracia paroquial, menos compromisso eclesial, menos autoridade, menos fanatismo.

Ocorre o desejo de uma relação direta entre criatura e Criador, Deus e filho, o que pede e o que dá, o que se ampara e o que ampara, o que necessita e o que pode.

Chega um momento na vida em que a criatura humana se sente frágil e busca no Infinito um ombro amigo, para usar a linguagem popular. Isso é muito bom, porque a pior coisa que pode acontecer a alguém é deixar-se derrotar pela angústia existencial e perder a razão de viver. A decadência mental, espiritual e física baixa as defesas imunológicas e as energias de sustentação da vida.

Mas a vida é uma mãe abençoada e carinhosa que oferece tudo o que a pessoa deseja receber. Se mora a desolação nas regiões mentais do ser humano, a vida faz brilhar o sol, abre as pétalas das flores, ilumina as estrelas, acena com a imensidão emocionante das galáxias, semeia amor, encontros apaixonados, amizades deliciosas, sorrisos inefáveis, e, principalmente, aguça o poder criador de sonhos e de felicidades.

Lembre o que escreveu Jack Lawson, citado pouco acima: "Ficamos emocionados então com a vida, sentimos que formamos parte de um todo e que estamos em comunicação com este todo. Ainda mais, sentimos que todos somos um, que nossos semelhantes são iguais a nós e que, por esta simples razão, devemos amá-los, e assim estamos amando a nós mesmos. Estamos com a alma tomada de uma misteriosa sensação de felicidade e plenitude, estamos eufóricos".

Que declaração linda, profunda!

Somos um com todos os seres, completamos o todo universal, pulsamos na mesma energia amorosa. Não é por nada que os elementos existentes nas estrelas mais distantes do cosmo também fazem parte do nosso microcosmo. E se você vivencia que todos somos iguais, irmãos, enlaçados pela energia divina do amor, então seu espírito entra em êxtase e ergue loas ao Criador, cuja Luz envolve todas as criaturas.

E a maior descoberta é que somos um com Deus. Nossa origem é divina, temos o DNA do Criador, esta é a causa de nossa sabedoria, poder, amor, felicidade e capacidade criadora. A complacência e incondicionalidade amorosa de Deus chegou ao auge, a ponto de conceder liberdade para o exercício total da vida. Deu poder, sem limites, a todo ser de sua espécie: "Peça o que quiser e lhe será concedido".

Você viu, na mitologia grega, contada nesse capítulo, que Midas recebeu o poder de pedir o que quisesse e se deu mal. Herodes Antipas autorizou a filha de Herodíades a pedir o que quisesse e arrependeu-se mil vezes porque, instigada pela mãe, a menina pediu a cabeça de João Batista.

Deus sabia que o poder e a liberdade poderiam e iriam ser mal usados, até mesmo para a infelicidade e autodestruição do próprio ser humano. Mas, confiou na sabedoria do espírito, parcela da própria divindade imanente. Quantas pessoas, no entanto, chegaram à dimensão do espírito? A maioria da humanidade navega no estágio da evolução material; uma boa porcentagem já atingiu a evolução mental; raros, porém, são os indivíduos que chegaram à evolução espiritual. Note que evolução espiritual, em si, não significa religiosidade ou pertença a uma Igreja, mas o estágio mais alto da criatura humana, o contato com o espírito.

A espiritualidade do homem de hoje tem a ver, portanto, com a descoberta do espírito, que significa a fusão com o divino, na certeza de que aí está o mapa da mina, o céu azul, a felicidade, a alegria de viver, o prazer existencial, o elixir da eterna juventude, o perfume inebriante do amor.

Nesse ponto é que acontece a grande virada humana. De um período existencial estressante, o homem encontra a tranquilidade, a alegria e a paz de espírito. Então, poderá fazer qualquer exame médico e verá: estresse zero.

23

Métodos antiestresse

A VIDA. O primeiro método antiestresse é a própria vida. Ela já é, em si, uma invenção sábia, cujo desenrolar, não sendo contraditado, é e será naturalmente agradável, delicioso e feliz. A vida, pelo significado da própria palavra, é energia, é luz, é irradiação, é interação, é harmonia, é bem-estar, é prazer.

A vida é um presente e todo presente tem a finalidade de agradar e alegrar a quem o recebe.

Correndo nos seus próprios trilhos, a vida é um suceder de maravilhosas paisagens. Eis porque estresse é antivida. Ao invés de desfrutar o panorama, o estressado quer empurrar o trem, para chegar antes. Quer apressar a chegada para enfim viver a vida, sem perceber que a viagem é a vida.

No verão passado, encontrei um amigo nas praias de Tramamdaí, situadas a 120 kms de Porto Alegre, capital do Rio Grande do Sul, no Brasil. Contou-me que tinha trazido a família, mas que já ia retornar à empresa, porque, no momento, tinha muito trabalho.

- Quando pretende você desfrutar as areias gostosas da praia, o mar convidativo, o "dolce far niente", (o gostoso não fazer nada), na linguagem dos italianos?

- Primeiro, tenho que batalhar a todo vapor.

- Para quê? – perguntei-lhe.

- Para juntar um bom capital.

- Para quê?

- Ora, para quê! Quando tiver bastante dinheiro, posso me deliciar nessas praias maravilhosas e ficar de papo pro ar.

Bati amavelmente no ombro dele e indaguei:

- Para quê você precisa esperar anos, trabalhar sem descanso, se você pode desfrutar o verão, as praias, o mar, o peixe delicioso, o "dolce far niente", agora mesmo, sem todo esse desgaste e o risco de nunca chegar esse momento futuro?

O homem ficou pensando.

O corpo dispõe da maravilha dos olhos, para deslumbrar-se com o espetáculo da natureza, da arte, do movimento, da mutação; os ouvidos, para sensibilizar-se com a sinfonia dos pássaros, dos ventos, das chuvas, deleitar-se com o farfalhar das folhas, emocionar-se com o cantarolar dos arroios e o ondular sonoro do mar, sem falar da capacidade de ouvir a fala humana, o riso, a alegria infantil, e a maravilha das canções e músicas inesquecíveis; o olfato, para sentir aromas e perfumes inebriantes; o tato, com a sensação deleitante do abraço, do beijo, da carícia, do cumprimento, e a capacidade de apreciar a densidade, o frio, o calor, a umidade, o rígido, o suave; o paladar, que lhe desperta o prazer irresistível da comida, da bebida, da fruta; os outros sentidos, que lhe dão imensas satisfações.

A mente é um cabedal inexcedível de alegria, paz, criatividade, cultura, conquistas e vitórias.

O coração afetivo é seu paraíso, depositário dos mais belos, envolventes e extasiantes sentimentos. Nele mantém-se viva a chama do amor, da felicidade, do entusiasmo e da fé.

O espírito é a fonte superior da vida, com sua dimensão que chega às raias do infinito. No espírito você encontra a segurança, a paz, a imortalidade, a comunhão com o poder criador e a sabedoria. Falo da vida sustentada pela Vida. A vida no pleno sentido. Sim, porque há vários tipos de vida: vida-arrastada, vida-aguentada, vida destroçada, vida-revoltada, vida-depressiva, vida-vai-se-levando, vida-divertida, vida-seja-o-que-Deus-quiser, vida-mais-ou-menos, vida-trabalhosa, vida-religiosa, vida-dura, vida-feliz, vida-alegre, vida-boa, vida-amorosa, vida-calma, vida-em-paz, vida-sorridente, vida-positiva, vida-otimista, vida-encantada, vida-abundante, vida-sentimental, vida-saudável, vida-próspera, vida-de-bem-estar, vida-maravilhosa, vida-cor-de-rosa... Os traços que unem as expressões são colocados propositadamente.

O estresse é um sábio aviso amoroso de que você não está vivendo a plenitudade da vida. Ao fim e ao cabo, o estresse é um amigo que lhe puxa as orelhas e lhe diz que anda por desvios complicados.

PAZ DE ESPÍRITO. O segundo método antiestresse é a paz de espírito. Todos os grandes sábios deram imenso valor à paz de espírito. Jesus fez da paz a sua saudação habitual. Depois das curas que efetuava, sempre mandava o curado ir em paz.

A paz é a balança do equilíbrio corpo-mente-coração-espírito. É irmã da liberdade, da serenidade, da calma, da harmonia, da lucidez, da capacidade criadora e da fraternidade. Enfim, a paz é a saúde da mente. Se é a saúde da mente, precisa ser preservada e cultivada.

Toda evolução interior aporta na estação da paz de espírito.

Certa vez, um senhor de Assunção, Paraguai, me disse:

- Paz não existe. O mundo não é convento e nós não somos monges contemplativos. Aqui fora é guerra e, debaixo desse fogo, no mínimo a gcntc tcm que assestar as baterias, abrir fogo e se defender do jeito que se pode.

- Num convento – respondi-lhe – pode haver paz e podem acontecer sérios conflitos. A paz de espírito não tem a ver com o prédio onde moram os monges, e sim com as pessoas que lá vivem. E as pessoas podem estar em paz como podem estar agitadas, negativas, deprimidas e estressadas. É por isso que ainda vale o velho adágio: “O hábito não faz o monge”. Você pode ser um monge em paz, solícito e feliz, mesmo trabalhando nos grandes centros, nas indústrias, ou como executivo de multinacional.

Paz é questão de atitude. Paz é estado mental. E você tem absoluto controle sobre sua mente, onde quer que esteja, seja qual for sua atividade, mesmo a mais estrepitosa. A paz dos cemitérios não tem significado nenhum, pois lá não existem pessoas, apenas cadáveres.

Viver em paz é uma das mais belas conquistas humanas. Para tanto, até pode usar o método tibetano de acalmar a mente e iluminar-se positivamente. Mas, não é preciso fugir do mundo.

Não suponha que paz seja cavar um vazio mental e espiritual. Não, paz é um misto de serenidade, alegria e autoconfiança.

O estresse foge da paz como diabo da água benta, para usar a linguagem dos antepassados, como brincadeira.

Um dia, uma jovem me abordou:

- Como pode alguém viver em paz num mundo

de tantas solicitações, com vestibulares pela frente, competição de emprego, dificuldade de encontrar um Amor verdadeiro, enfim com a mente carregada de desejos insatisfeitos e marcada por frustrações e impossibilidades? E tem mais – acrescentou ela – dizem que toda necessidade gera ansiedade e esta é incompatível com a paz.

- Vejo que você é uma moça culta, vai fundo no seu raciocínio. Isso é bom – respondi-lhe. – O que é a paz? Como a gente sabe que está em paz? Quais são os ingredientes da paz? Você há de concordar que uma pessoa em paz tem a mente desoprimida, liberta, leve, clarificada, confiante, positiva, otimista, ancorada no Infinito. Paz é estado de equilíbrio interior. Você pode fazer o vestibular, progredir no emprego, encontrar seu Amor, satisfazer seus desejos, realizar seus sonhos, sem ansiedade, em excelente estado de paz. Por quê? Simplesmente porque tem consciência de que seus caminhos são seus caminhos, estão abertos, esperando por você. Se você tem uma fonte inesgotável de água em sua casa, jamais ficará ansiosa, jamais se preocupará com uma possível falta de água. Pois bem, sabendo que você tem em si mesma a Fonte de tudo, liberdade de escolha e poder e sabedoria para atingir os objetivos, não sobra nenhuma razão para perder a paz.

Não sei se a jovem deu o braço a torcer ou se ficou de aprofundar mais suas análises. A palavra é semente lançada à terra: pode cair em lugar pedregoso, em meio aos espinhos, na estrada, ou em terreno propício.

O Mestre, numa de suas bem-aventuranças, falou de paz: "Bem-aventurados os pacificadores, porque serão chamados filhos de Deus". Ligou paz com filho de Deus. Todo indivíduo que se descobre filho de Deus é um ser em paz, porque, como tal, sabe do seu poder, sabedoria, felicidade, amor, e sabe-se em comunhão com a humanidade, o universo e Deus. Essa interação de vibrações, energia e força, atrai para a pessoa a realização dos seus sonhos e necessidades. E isso deixa o ser humano em delicioso estado de paz. Pela evolução mental, chega-se a essa compreensão.

FELICIDADE. Terceiro método. A poderosa energia antiestresse chama-se felicidade. Quem é feliz, ama; quem ama é feliz. Felicidade e amor liberam endorfina, oxitocina, dietilamina, serotonina, dopamina, que são hormônios do bem-estar e da saúde.

Mas, o que é felicidade? Como se define a felicidade, se é que tem definição? Muitos psicólogos, estudiosos e escritores da Psicologia Positiva não conseguiram definir a felicidade. Ensinam a multiplicar pequenos bons eventos para que a soma signifique um ótimo espaço vital de felicidade.

O sonho de felicidade é perene, a busca é incessante, a saudade da felicidade perdida é dolorosa. O ser humano nasce sob os auspícios da felicidade. Vive pleiteando o direito de ser feliz e morre na expectativa de que possa finalmente encontrar a felicidade pelo menos na outra dimensão.

Agostinho de Hipona, grande filósofo e teólogo do século V, já citado algumas vezes, escreveu: " O homem deseja ser feliz mesmo quando vive de maneira a tornar a felicidade impossível". Por que isso acontece? Porque felicidade é substância vital. Deus é Felicidade, o ser humano, originário de Deus, necessariamente tem o genoma da felicidade. Podem negar, podem alegar que a vida é sofrida, podem insistir que felicidade é utopia, podem argumentar que apenas existem lances de felicidade nada mais, e, ainda assim, o sonho da felicidade perene jamais se apagará da alma humana. Exatamente porque felicidade não é opção, nem privilégio de monges tibetanos, nem privativo de conventos carmelitas. É essência humana.

O homem é essencialmente feliz e, se isso não ocorrer, ele viverá a angústia da eterna busca. Não a encontrando, exclamará, aos brados, que a vida é uma contradição, um blefe, e o Criador um político que promete mas não faz.

Pela lógica, o mundo inteiro deveria sair à caça da felicidade, todos os laboratórios deveriam tentar descobrir os componentes da felicidade, todos os institutos de pesquisa deveriam investir bilhões para extrair a substância da felicidade.

O que se pinçou até agora foram nesgas de felicidade, isso porque ela está sendo procurada com lanternas poderosas, mas por caminhos equivocados. Uma coisa são os pirilampos piscando luzes feéricas nas noites das florestas, outra coisa é a luz perene do sol. O que interessa é o sol da felicidade. Não basta luz de vagalume, queremos o sol. O sol da felicidade. Onde está ele? Como detectá-lo?

Muitos logo interferem argumentando que o sol não brilha à noite; logo, existem noites de infelicidade. Como não brilha à noite? Se o sol não brilhasse à noite estaria certo o cientista português que queria mandar uma nave tripulada ao sol e, diante do aviso de que o astro rei queimaria a nave e seus tripulantes, respondeu: "Chegaremos lá à noite".

Por mais boa intenção que se tenha e por maior que seja o esforço, não adianta procurar a felicidade onde ela não está.

A maioria dos estudiosos e do povo leigo busca avidamente a felicidade no mundo material: dinheiro, casa, carro, luxo, viagens, indústria, comércio, casamento, filhos, fama, poder. Então, o "se" estraga tudo, é o vilão, o desmancha-prazeres: "Se eu tivesse um palácio, se eu fosse rico, se eu casasse com uma loira irresistível, se eu dirigisse um carrão do último grito, se eu pudesse passar as férias em Paris, se eu fosse presidente da república, se eu chegasse a ser uma atriz famosa, se meus livros vendessem milhões de exemplares, se eu conseguisse transar com a Jenifer Lopes, se... se... se..."

Vou acrescentar mais um "se": Se você continuar procurando a felicidade no mundo exterior, ela virá, quando muito, em contagotas. Luz de pirilampo. Com isso, não digo que essas buscas sejam erradas. Pelo contrário, realize seus sonhos. Mas não queira achar ouro dentro de uma melancia, pois não é da natureza dessa fruta conter ouro.

Primeira consideração: não confunda felicidade com prazer. Prazer é momentâneo, felicidade é estado de ser. Prazer é episódico, felicidade é perenidade. Prazer é onda, felicidade é oceano. Prazer é pedaço, felicidade é o todo.

O prazer é maravilhoso, lindo presente do Criador, estímulo benfazejo da vida, mas sua falta de sequência, a imprevisibilidade, a quebra de efeitos pela saturação dos estímulos cerebrais, a dificuldade de chegar ao desiderato, a possibilidade de cair no vácuo, permitem concluir seguramente que a felicidade não está neste sítio, ou, pelo menos, não está só neste sítio. E, até hoje, todos, ou quase todos, insistem em vestir o prazer com a roupa da felicidade. Quebra o galho, mas não satisfaz totalmente.

Segunda consideração: não se pode negar a existência da felicidade pelo fato de a vida estar eivada de contratempos, imprevistos negativos, como morte, perda de emprego, enfermidade, fracasso, frustração no amor, divórcio, filho drogado, colheita frustrada, roubo, assim por diante. Esse é o ponto crucial em que se baseiam os que contestam a felicidade como estado de ser. Dizem que felicidade perene é tese inaceitável, já que a vida é cheia de percalços, alguns incontroláveis.

Os dois pecados dos contestadores são esses: primeiro, situar a felicidade no mundo material; segundo, situar a felicidade fora do ser humano.

O mundo material e físico é bom, essencial, mas não é a única e nem a principal realidade do ser humano. Já me referi a isso. Mente é essência, corpo é forma. Como a mente é essência e a felicidade é componente dessa essência, a conclusão é que felicidade é estado mental-espiritual, consequentemente situa-se dentro e não fora.

É fácil compreender que a essência humana não está no mundo exterior: toda essência é intrínseca, energia vital; a forma é a roupagem, a casca, a manifestação visível, a materialidade. Não seria nada inteligente confundir essência com forma. Comparando, uma coisa é o cerne da árvore, outra coisa é a casca. A felicidade só pode ser pesquisada e encontrada na essência, ou seja, na mente-espírito. Quando se pretende encaixá-la em outra área, a conclusão sairá equivocada.

Richard Carlson, escritor norte-americano, PhD em Psicologia, afirmou: "A felicidade não surgirá enquanto situarmos a sua origem fora de nós".

Um dia, você deixará o corpo, deixará a casa, o dinheiro, os bens materiais. Mas nunca deixará a mente-espírito, em cuja essência encontram-se a sabedoria, o poder e a felicidade.

***

Questão: como poderá a felicidade persistir

quando se confronta com sofrimentos, perdas, fracassos, separações?

Resposta: felicidade é estado mental, por isso pode existir, subsistir e persistir internamente, sem ser derrubada por acontecimentos exteriores. O mundo interior está acima do mundo exterior e é mais do que ele. Ainda que fora rujam tempestades, dentro pode e deve haver bonança, paz, felicidade. É isso que faz a monumental diferença de atitude das pessoas, diante das situações da vida.

Você dirá: Mas, não se pode fechar os olhos aos problemas e fatos reais.

Resposta: O que é fato real? Lembra-se do capítulo em que abordei sobre a realidade? O fato é para você o que você opina sobre ele. Toda realidade é dissecada, mensurada e vivenciada pela mente. Mente feliz verá o mundo exterior pelos olhos da felicidade. Os episódios continuarão existindo, mas o indivíduo feliz os vê por binóculos próprios.

Você, sendo feliz, percorrerá feliz os caminhos da vida, pedregosos ou não, asfaltados ou não, com pontes ou não, com buracos ou não.

***

Então, o que é mesmo a felicidade? Se é estado mental-espiritual, se independe de fatores externos, se é essência humana – como se pode defini-la cientificamente?

Antes de tudo, é mister dizer que toda definição é

perfeita se não for susceptível de qualquer contradição. Por exemplo, se você afirma que felicidade é ter dinheiro para tudo que quiser, posso contradizê-lo argumentando que há bilionários infelizes; logo, a definição não é perfeita. Se você diz que ser feliz é praticar a religião, lhe respondo que há muitos indivíduos que praticam a religião e são infelizes, portanto a definição não está completa.

A definição que encontrei para felicidade, e que nunca foi contestada, é esta:

"Felicidade é sentir-se bem consigo mesmo, com a humanidade, com o universo e com Deus".

Sentir-se - é verbo reflexivo, o "se" tem a ver com a própria pessoa; indica estado interior: mente-coração-espírito.

Bem – revela sentimento positivo e benéfico.

Consigo mesmo – reforça a ideia de que a definição tem como ponto básico a própria pessoa. *Sentir-se bem consigo mesmo* quer dizer que a pessoa é um ser harmonizado, se ama.

Com a humanidade – Não são as pessoas que devem estar de bem com o indivíduo, mas este, no seu íntimo feliz, se sentirá fraternizado com todas as criaturas humanas, independente de como elas sejam. Bastaria você odiar um ser humano, vivo ou morto, e já não seria feliz. Há gente que se diz impossibilitada de se dar bem com seu inimigo por ter sido prejudicada. Mas, o ódio rouba a felicidade. Ninguém tem poder de penetrar seu coração, a não ser que você o permita. Sua mente-coração é o habitáculo da paz, do amor e da felicidade. Odiar alguém é estressar-se e adoecer. Por outras palavras, significa ser infeliz.

Sentir-se bem com a humanidade é muito fácil através da prática do perdão. Desde logo lhe aviso que não se trata de piedosismo barato, nem de fechar os olhos ao fato, mas simplesmente tirá-lo da sua mente. Enquanto o ódio, a raiva, a mágoa, a agressividade, a hostilidade, a vingança, persistirem na sua cabeça, sentir-se-á oprimido, tenso, inquieto, e isso é matéria-prima do estresse, com todas as suas consequências ruinosas. Não importa se o outro é mau, não perdoa, não aceita cumprimento. Isso é problema dele, não seu.Também não entra em causa se ele está errado ou se prejudicou você. Perdoar traz vantagens a você, deixa-o em paz, liberto, sem estresse, e lhe permite um sono saudável e reparador.

- Mas, está correndo processo, pois ele me deve – poderá argumentar você.

- Tudo bem. Aconteça o que acontecer, a você pertence não permitir que sua mente e seu coração fiquem poluídos, negativos, raivosos. Tome as medidas cabíveis honestamente, amparado na justiça, e mantenha-se em paz, feliz, alegre, pedindo a Deus que tudo se resolva na justa e reta ordem divina. Lembre-se que você é muito mais do que qualquer episódio. Não se deixe amarrar por fatores estressantes.

Errar é humano, perdoar é divino. Perdoar não é ato de covardia e nem estultice. Só os ousados e inteligentes perdoam. Enraivecer e carregar ódio é fácil, gesto de perdão é bravura de herói. O perdão, além de tudo, é o melhor remédio contra qualquer mal. O amargo-doce do perdão é vitamina que rejuvenesce. Libera tensões e cura o estresse. Poucos são os que alcançam a dimensão dessa verdade.

Se você teve oportunidade de perdoar e se reconciliar com alguém, concordará comigo que sentiu uma alegre emoção celestial. Mas, se não consegue dobrar a rigidez do seu próprio coração, peça auxílio divino e a paz cobrirá a sua alma.

Certa vez, eu li a história de um jovem extremamente revoltado com o pai, que lhe parecia muito duro, exigente, intransigente e bravo. Depois de uma briga feia, o jovem avisou a mãe que ia embora e se mandou. Em outra cidade, continuou os estudos, formou-se, casou, teve dois filhinhos maravilhosos. Os filhos cresceram e disseram-lhe:

- Pai, nós sempre vamos visitar os pais da mãe e por que tu não nos levas a conhecer teus pais?

O moço ficou pensativo e resolveu mandar uma carta a seus pais, dizendo que tinha saído de casa com raiva, mas agora queria visitá-los, porém não sabia se tinha sido perdoado e se seria recebido. Iria de trem com os filhos. Caso o tivessem perdoado, que colocassem uma toalha branca na janela da casa, do contrário ele seguiria em frente.

No dia aprazado, embarcou no trem com as crianças e lá se foi, tomado de insólito nervosismo e muita expectativa. Na última curva antes da casa, o moço não se continha. Ao passar o trem diante da residência, viu toalhas brancas nas janelas, na porta, na cerca, e na frente da casa dois velhinhos sacudindo toalhas alvas com muito vigor. O moço desceu com as crianças e o reencontro foi de uma felicidade sem fim.

Com o universo – essa expressão explica que a pessoa feliz vive em comunhão cósmica, vibra na mesma vibração que todos os seres do universo. Assim funciona o mundo criado por Deus. O ser humano pode desviar-se dessa energia, porque é livre. Mas, se estiver centrado em seu eixo natural, vibrará e receberá vibrações na mesma frequência cósmica, tornando-se unidade com o universo. A energia do seu pensamento interferirá na matéria, mudando-a ou criando-a. Aliás, a física quântica fala sobre isso.

Com Deus – não importa que imagem ou ideia você tenha de Deus, nem que nome dê a Ele, só não pode ter qualquer resquício de preconceito ou conceito negativo, pois todo negativismo ou desarmonia mental afugenta a felicidade e gera estresse.

A pessoa feliz sente profunda empatia com Deus.

Repetindo: a criatura humana é essencialmente feliz e estará centrada em seu eixo natural quando *"sentir-se bem consigo mesma, com a humanidade, com o universo e com Deus"*.

Pode-se acrescentar que existe a felicidade e existem os arroubos de felicidade. Estes são picos extasiantes, explosões vitais, que queimam, por determinados instantes, a depressão, a tristeza, o estresse, o desencanto, a frustração e a enfermidade.

Para completar, lembre o que disse o Mestre: “O reino dos céus está dentro de vós mesmos”. Reino dos céus é estado mental perene e não momento especial.

MÉTODO POSITIVO. O indivíduo positivo encara a vida em altoastral, confiante, acreditando em si e nos seus projetos. O pensamento positivo é o antídoto contra diversos fatores estressantes.

Imagens benéficas, pensamentos positivos, sentimentos benfazejos, fortalecem o sistema imunológico e estimulam a liberação de endorfina, hormônio antiestresse, como já foi dito.

Muitos afirmam que não é fácil ser positivo. O que é fácil, então? Ser negativo? Pois, ser negativo ou positivo é apenas questão de escolha. Os dois lados da balança são iguais. Faça sua opção. Se acreditar que é mais fácil ser negativo, para você será mais fácil ser negativo; se achar que é mais fácil ser positivo, para você será mais fácil ser positivo. Basta apenas a sua determinação para que a balança penda para um lado ou para outro. Sua vida se dirigirá simplesmente para o lado que você a orientar.

MÉTODO DA ALEGRIA E DO RISO. A alegria, o riso, a gargalhada, o bom humor, comprovadamente secretam hormônios prazerosos, que inibem a adrenalina excessiva e harmonizam o bom funcionamento do organismo. Mais: fortalecem as defesas orgânicas. Isto já é bem fácil de entender. Já foi desenvolvido esse tema, portanto não há necessidade de aprofundá-lo.

MÉTODO DO OTIMISMO. O cultivo do otimismo estabelece no ser humano um estado mental de fé no presente e no futuro. Cria também elevada perspectiva de esperança sólida. Essa postura mental desencadeia poderosas energias benéficas, que afastam as sombras do negativismo, da descrença e da incapacidade. O otimismo elimina as tensões produzidas pelos medos, pelo sentimento de impotência, pela preocupação e pela ansiedade diante da vida. É um bom remédio antiestressante.

MÉTODO DA ORAÇÃO. Se você está agitado, nervoso, inconformado, tenso, pressão alta, concentre-se numa oração. A oração muda o lado do cérebro, sintonizando as regiões da calma e da paz. Não raro, até um Pai-nosso tem possibilidade de modificar o estado mental, permitindo tranquilidade de raciocínio e capacidade de absorver o impacto das tensões.

MÉTODO DA CONTEMPLAÇÃO. Respire fundo várias vezes. Solte-se. Libere a mente. Contemple uma cena agradável, que lhe traga serenidade, alegria e paz. A contemplação produz sentimentos inefáveis, cujos efeitos sobre o organismo são excepcionais.

MÉTODO DA MENTALIZAÇÃO. Use-o quando

você deseja algo.

Para afastar as tensões, as distrações, os medos, os negativismos, os pessimismos, os sentimentos de impossibilidade, as imagens de fracasso - relaxe, respire fundo várias vezes, imaginando que está jogando fora os bloqueios e aspirando energia pura e poderosa. Vá contando gradativamente de sete a um, e, à medida que for descendo, veja-se calmo, liberto, em perfeita saúde, feliz, melhor e melhor. Concentre-se em cada parte do corpo e visualize-a relaxando e funcionando na justa e reta ordem divina.

Concentre-se na mente e liberte-a dos medos, complexos, preocupações, opressões e tudo que a estiver perturbando. Sinta sua mente límpida como a fonte cristalina das montanhas.

Imagine que está agora se concentrando no seu coração afetivo, sede dos seus sentimentos e emoções. Jogue fora o desamor, o ódio, a raiva, os ciúmes, as invejas, as brigas de casamento, as frustrações no amor, as ofensas – e imagine seu coração iluminado de amor.

Agora você está num nível elevado, atingindo o contato com o espírito, o poder, a sabedoria, o amor, a Presença Infinita. Aqui sua palavra tem poder criador. Forme um quadro mental, visualizando seu desejo realizado, pronto, acabado, real, aqui e agora. Ponha detalhes. Determine que já é seu. Alegre-se. Agradeça. Permaneça nessa mentalização o tempo que quiser. Quanto mais tempo, mais forte e potente a visualização, tanto maior será a energia a vibrar no cosmo, atraindo essa realidade. É bom saber que o subconsciente não distingue entre imagem e realidade: apanha a imagem e a transforma em realidade física. O grande sábio da bíblia Salomão já dizia: "Assim como imaginou na sua alma, assim é". Ao finalizar, conte de um a sete, voltando a abrir os olhos, imaginando-se em perfeita saúde, feliz, melhor e melhor.

MÉTODO DA MEDITAÇÃO. Quando se fala em meditação, talvez seja interessante avisar que há várias concepções para essa palavra.

O Dr Bernie Siegel, médico, autor de vários livros, escreveu:

"Os benefícios físicos da meditação foram bem documentados por alguns pesquisadores médicos, entre os quais se destaca o Dr. Herbert Benson. Ela tende a baixar ou normalizar a pressão arterial, o pulso e os níveis de hormônios que provocam tensão e alteram as ondas cerebrais, reduzindo a excitabilidade. A essas alterações físicas correspondem alterações no comportamento, que, em testes psicológicos, demonstram uma redução no comportamento altamente competitivo, que aumenta o risco de ataques cardíacos. A meditação também eleva o limiar da dor e prolonga a idade biológica das pessoas. Seus benefícios se multiplicam caso sejam praticados, simultaneamente, exercícios regulares. Em suma, a meditação reduz o desgaste físico e mental, contribuindo para que as pessoas tenham uma vida melhor e mais longa".

(Livro "Amor, Medicina e Milagres"p. 57/58).

Osho, (1931-1990), guru indiano, filósofo espiritualista, escreveu: "A meditação não é um esforço, não é uma atividade. Antes, é uma profunda entrega. Ela existe na não-atividade. A meditação consiste, fundamentalmente, apenas em ser - sem nada a fazer, sem nada a desejar, sem pretender ir a qualquer lugar; apenas estar aqui e agora, simplesmente estar aqui e agora. É a isso que eu chamo de meditação. Mas é muito difícil de se conceber alguma coisa que não seja um esforço. A própria linguagem da mente, sua própria estrutura, baseia-se no esforço: fazer alguma coisa, realizar alguma coisa, ir a algum lugar.

A mente é muito séria e a meditação é absolutamente não-séria. Quando eu digo isso você pode ficar confuso, porque as pessoas vivem falando da meditação com muita seriedade. Mas a meditação não é uma coisa séria. É como uma brincadeira. Não-séria. Sincera, mas não-séria. Não é algo semelhante ao trabalho, é mais como uma brincadeira. Brincadeira – porque quanto mais ativo você é, mais seu ego pode ser realizado, mais você pode dizer "eu". Toda atividade é basicamente alimento para sua personalidade egoística.

A meditação não é um esforço, não é uma atividade. Brincar é apenas um prazer. A atividade não está se dirigindo a parte alguma; ela não é motivada. É apenas pura energia fluindo.

Mas é difícil, porque estamos muito envolvidos com a atividade... Chegamos a fazer do relaxamento uma atividade; fazemos um esforço para relaxar. O que é um absurdo! Mas acontece devido aos hábitos robotizados da mente”. (Meditação, a Nova Alquimia).

Kathy Freston esclareceu: “Você não precisa dedicar muito tempo à meditação. Apenas dez respirações profundas já aliviam o estresse. Para isso, sente-se em um lugar silencioso, feche os olhos e inspire lentamente. Imagine o ar entrando pelo nariz e circulando pela parte detrás da garganta. Expire pelo nariz. Esse exercício diminui os batimentos cardíacos e relaxa seu sistema nervoso. Gradualmente, aumente para até vinte minutos por dia, se puder”. (Seleções, maio 2007).

Você pode fazer uma mescla de meditação com mentalização. Pela meditação, procure relaxar, respirar calma e profundamente várias vezes, concentrando-se ludicamente na respiração. Deixe-se relaxar como ondas que vão amainando lentamente. Sem esforço. Como uma brincadeira, na linguagem de Osho. Alcançado esse estado interior de paz, mentalize o que deseja. É um momento poderoso já que o cérebro atingiu uma ciclagem ideal e seus pensamentos tocam as raias do infinito.

MÉTODO DOS EXERCÍCIOS FÍSICOS. É sabido que caminhadas, exercícios físicos, esportes, natação, escaladas, liberam endorfinas e produzem bem-estar, além de fortalecer o sistema imunológico. São ótimos para a saúde e para acabar com os efeitos do estresse. Mas é indispensável haver esquema de continuidade, pelo menos três vezes por semana. Dizem os entendidos que a caminhada e os exercícios físicos precisam ser prolongados por cerca de quarenta e cinco minutos, ou uma hora, para produzirem efeitos saudáveis e queimar calorias. É bom ter tênis prático, que apare os golpes provocados no corpo pelas pisadas.

É claro que você encontrará pessoas que ridicularizarão seu projeto de caminhadas e dirão, com a maior cara-de-pau:

- Se caminhar fosse saúde, carteiro seria imortal.

"Segundo o médico americano Michael Roizen, exercícios físicos podem fazer com que os músculos, na maturidade, fiquem até quarenta anos mais jovens. A receita de Roizen é a prática de atividades aeróbicas no mínimo três vezes por semana, combinadas com cerca de dez minutos de exercício com peso, que obriguem os músculos a irem ao limite: é aquela série de musculação em que a pessoa praticamente não consegue fazer o último exercício. Uma boa notícia: o ácido láctico – segundo pesquisa realizada ao longo de trinta anos e divulgada agora por um grupo de cientistas da Califórnia – está longe de ser um vilão. Na verdade, ele funciona como combustível para melhorar o desempenho dos atletas e nada tem a ver com as dores do dia seguinte.

Em qualquer idade, preconizam os médicos, é preciso se mexer para preservar o tônus muscular. Um estudo realizado pela Tufts University, nos EUA, analisou o efeito dos exercícios de força em mulheres idosas, com faixa etária média de 73 anos. Em apenas duas semanas de treino, elas apresentaram um ganho significativo na quantidade de músculos. Após doze semanas, os pesquisadores também notaram aumento de força muscular. Estudos recentes realizados por pesquisadores do Hospital de Reabilitação da Universidade de Harvard, nos EUA, confirmam que, mesmo os indivíduos sedentários durante muito tempo, recuperam força muscular quando voltam a se exercitar". (De artigo da revista VEJA , 24 maio 2006).

MÉTODO DA DIETA SAUDÁVEL. Uma boa alimentação, com muita verdura, frutas, fibras, é recomendada como fator desestressante, adelgaçante, e de ótimos benefícios à saúde. Sei que você vai dizer que não é coelho nem boi. Alguns especialistas em puxar a brasa para o seu assado fazem esse raciocínio: "Boi só come pasto, pasto é verdura, a verdura se transforma em carne, portanto quando como carne na verdade estou comendo verdura. Onde está o mal?" Como piada, vale. Parecem o antigo treinador Yustrich, que, vendo seus jogadores dar muito balão no jogo, reuniu-os no centro do gramado e perguntou:

- De que é feita a bola?
- De couro – responderam.
- De onde vem o couro?
- Da vaca – tornaram os jogadores.
- O que é que come a vaca?
- Grama.

- Pois é, e grama é rasteira, então joguem bola rasteira, entenderam?

***

Se lhe sobrar paciência e tempo, leia essas anotações feitas por mim a respeito de produtos que fazem bem à saúde, principalmente em situações de estresse:

Amêndoa - é naturalmente riquíssima em ácidos graxos, (ômega 3 e 6). Age "limpando" as artérias do mau colesterol (LDL). Além disso, aumenta o bom colesterol, (HDL).

Peixes – Há uma associação entre a baixa incidência de doenças cardiovasculares e o elevado consumo de peixes e animais marinhos. O ácido graxo polinsaturado ajuda a diminuir a viscosidade do sangue, tornando-o mais fluido; promove o relaxamento das artérias coronárias e reduz a pressão arterial.

Azeite – As populações da região do mar mediterrâneo possuem menor risco de desenvolver doenças cardiovasculares devido ao tipo de alimentação adotada, na qual a principal fonte de gordura é o azeite de oliva.

Um novo estudo sobre o azeite de oliva mostra que a substância reduz a morte celular e a inflamação vascular que ocorre após a ingestão de gorduras. Pesquisa feita na Espanha confirma que o azeite baixa os níveis de colesterol no sangue na fase da digestão. O Azeite Extra-virgem é bom para longevidade, antioxidante, combate o câncer, diminui o colesterol ruim. Não o usar em fritura. É tolerável em fogo brando e por pouco tempo.

Vinho tinto - Uma taça de vinho tinto por dia pode diminuir o risco de ataques cardíacos. Esta proteção ao coração ocorre por conta de substâncias encontradas na película interna das cascas de uva, conhecidas como flavonóides. Elas inibem a oxidação do colesterol ruim, diminuindo os malefícios que causa aos vasos sanguíneos, como a formação de placas e o endurecimento de suas paredes. Os flavonóides reduzem o surgimento de coágulos. Entre os flavonóides, a substância mais importante é o resveratrol, componente do vinho que não é apenas antioxidante, mas também apresenta propriedades anti-inflamatórias, que colaboram na prevenção de doenças cardiovasculares. O resveratrol é capaz de diminuir os níveis de colesterol ruim, (LDL), comprovando assim seu papel de protetor das artérias. Suco de uva também apresenta esses benefícios, com a vantagem de que não contém alcool.

Soja - contra incidências de problemas cardíacos.

Pimenta ardida - tem boa dose de capsaicina e pode ser muito eficiente para deter o avanço do câncer. Pimenta também estimula a produção de endorfina, neurotransmissor que levanta o astral. Mas, não exagere, pois pode dar gastrite.

Chá verde - reforça os vasos sanguíneos, favorece o coração, anti-inflamatório, antidepressivo, retarda o envelhecimento por ser antioxidante, baixa o colesterol ruim, previne câncer, acaba com a diarréia, diminui o risco de alergias, e aumenta a energia.

Chá preto - evita a formação de coágulos sanguíneos e protege a saúde do coração, pois tende a reduzir o nível de gordura, o mau colesterol, (LDL), e pode ajudar a baixar a pressão sanguínea.

Mel - garante ossos fortes, ajuda na absorção de cálcio, libera serotonina, é afrodisíaco. Estão presentes no mel: vitaminas do complexo A, C, D e E, cálcio, ferro, cobre, magnésio, fósforo, potássio e antioxidantes, como flavonóides e fenólicos. É anti-inflamatório, analgésico, antibacteriano, expectorante, laxativo e imunológico.

Batata – combate a hipertensão. Tem a substância kukoamina que regula a pressão arterial.

Caju – antioxidante.

Semente de abóbora - contém vitamina A, previne doenças como a degeneração macular, (do olho). Além disso, controla a pressão arterial, é rica em potássio; combate o envelhecimento; embeleza a pele.

Semente de girassol – é fonte natural de vitamina E e de ácido linoleico, que beneficiam a saúde do coração, diminuindo o colesterol ruim e a formação de coágulos sanguíneos; anticancerígena; contribui para evitar danos causados por exercícios exaustivos; rica em magnésio; combate a osteoporose.

Aveia – é um dos alimentos mais valiosos. Pode diminuir os níveis de colesterol. Tradicional calmante, a aveia é restauradora de nervos e sedativa, (15g/dia de aveia crua ou cozida). Retarda a digestão, ajudando a deixar os níveis de energia mais estáveis, contibuindo, assim, para o metabolismo da glicose. É apropriada para dietas isentas de glúten. Alivia a constipação devido ao elevado teor de fibras. (Guarde a aveia em recipiente fechado, em local fresco e escuro).

Guaraná em pó – antiestresse, cardiotônico, energético físico e mental.

Cacau - (chocolate meio amargo e amargo) - Ingerir alguns gramas de chocolate meio amargo por dia durante duas semanas pode ajudar a reduzir os riscos de doenças cardíacas. Isso porque os flavonóides impulsionam o aumento da produção de óxido nítrico – substância química produzida pelo corpo, que atua no relaxamento e dilatação das artérias. Chocolate enriquecido ajudaria na redução da pressão sanguínea e na resistência à insulina.

Erva-mate (chimarrão) - Tida como bebida estimulante, ela reduz a fadiga, a sede, a fome, e estimula a atividade física e mental. Age beneficamente sobre os nervos e músculos, favorecendo o trabalho intelectual. Ativa a circulação do sangue, melhorando o trabalho cardíaco e diminuindo a tensão arterial. Reforça o organismo e estimula o vigor mental. A presença de poderosos antioxidantes eleva as defesas naturais do organismo e protege contra o envelhecimento precoce. Uma melhora no ânimo, especialmente em casos de depressão, resulta do consumo do produto.

As vitaminas do complexo B aumentam o aproveitamento do açúcar pelos músculos, nervos e atividade cerebral, possuindo ainda, cálcio, magnésio, sódio, ferro, flúor e diversos minerais. As vitaminas C e E agem como defesa no organismo, com benefício também para os tecidos. A erva-mate é rica em ácido pantotênico, encontrado em maior escala nela do que na geléia real.

O mate favorece a diurese, ajudando a combater os males da bexiga. Atua, ainda, sobre o tubo digestivo, ativando os movimentos peristálticos, o que facilita a digestão. (Dados da erva-mate extraídos de Zero Hora, 27 de julho 2007).

MÉTODO DOS ANIMAIS DE ESTIMAÇÃO. Uma das maneiras de liberar o estresse, de dividir e descarregar amor e carinho, é ter um animal de estimação, principalmente um cachorro. De preferência um cão que se coaduna com seu temperamento e com seus gostos. O cachorro não é exigente, não cobra nada, não faz distinção de escala social. É respeitoso, interage facilmente, dá carinho, enfim é companheiro de todas as horas. É fundamental que você trate bem o seu cão, atendendo rigorosamene às necessidades básicas dele. Essa atitude amorosa também é antiestressante.

Diz a psicóloga Silvana Prado que "no contato com o cão, após 15 ou 20 minutos, a pessoa libera vários neurotransmissores e hormônios do bem-estar, como dopamina, endorfina, feniletilamina, prolactina, e inibe o cortisol, hormônio associado ao estresse". (Revista VIVASAÚDE, outubro de 2008)

24

Tome a saúde de assalto

O filósofo Arthur Schopenhauer, (1788-1860), teria dito que "um mendigo com saúde é mais feliz que um rei doente".

O que é, enfim, a doença? O que a origina? É causada por fatores externos, internos, ou ambos? Ou a enfermidade surge como por encanto, pela varinha mágica de uma bruxa maldosa? Existe doença injusta? A enfermidade tem a ver com você ou o pegou de surpresa e por acaso?

Alguns médicos, psiquiatras, psicólogos, estudiosos, veem a enfermidade como desordenada reação ao estresse, uma espécie de tensão entre mente e corpo, clamando por um ajuste interno.

O médico e psicanalista Carl Gustav Jung, (1875-1961), vê a doença como "resultado de uma desordem de nossa natureza espiritual".

O Dr Bernie Siegel encara a doença como uma mensagem para que mudemos e redirecionemos nossa vida.

Siegel formou-se médico-cirurgião nas Universidades de Colgate e Corneill, escreveu vários livros e viaja muito, com sua mulher Bobbie, para palestras e sessões de trabalho, onde partilha suas técnicas e experiências.

O corpo é uma constelação harmoniosa, que deve funcionar ordenadamente, para se manter vitalizado e perfeito.

O modo de vida alegre, feliz, positiva, otimista, autoconfiante, mantém o organismo em funcionamento saudável.

Toda atitude desarmônica produz atritos que, mais adiante, gerarão desgastes e deteriorações orgânicas.

Deepak Chopra é um médico e filósofo indiano, radicado nos EUA desde a década de setenta, autor de vários livros, conferencista de renome. Escreveu: "Somos as únicas criaturas da face da Terra capazes de mudar nossa biologia pelo que pensamos e sentimos. Nossas células estão constantemente bisbilhotando nossos pensamentos e sendo modificadas por eles. Um surto de depressão pode arrasar seu sistema imunológico; apaixonar-se, ao contrário, pode fortificá-lo tremendamente. A alegria e a realização nos mantêm saudáveis e prolongam a vida. A recordação de uma situação estressante, que não passa de um fio de pensamento, libera o mesmo fluxo de hormônios que o estresse. Suas células estão constantemente processando as experiências e metabolizando-as de acordo com seus pontos de vista pessoais... Você se transforma na interpretação quando a internaliza. Quem está deprimido por causa da perda de um emprego projeta tristeza por toda parte do corpo, pois a transmissão de neurotransmissores por parte do cérebro reduz-se, o nível de hormônios baixa, o ciclo do sono é interrompido, os receptores neuropeptídicos na superfície externa das células da pele tornam-se distorcidos, as plaquetas sanguíneas tornam-se viscosas e mais propensas a formar grumos, e até suas lágrimas contêm traços químicos diferentes das lágrimas de alegria. Isto reforça a grande necessidade de usar nossa consciência para criar o corpo que realmente desejamos".

Fica então evidente que é importante viver feliz, sem estresse, se você aprecia a saúde.

Muitos não se importam com as consequências de suas crenças e atitudes, porque não veem relação imediata entre o que dizem e fazem com o que resulta no corpo. Como o efeito não é tipo "toma lá e dá cá", talvez você não sinta os efeitos maléficos de uma vida atormentada, ansiosa, corrida, estressante, mas, com o tempo, sua qualidade de vida vai dar sinais negativos e a idade vai abrindo um racha para enfermidades, principalmente devido ao enfraquecimento do sistema imunológico.

A saúde é uma preciosidade só valorizada quando a doença bate à porta. Aí é preciso correr atrás do prejuízo e gastar muito dinheiro, esse dinheirinho conseguido com duro trabalho.

Não pense que saúde e qualidade de vida exijam comportamento austero e sacrificado. Nada disso. Saúde e qualidade de vida só pedem inteligência e não heroísmo.

Nada mais que saber escolher entre dois prazeres o mais saudável, entre dois pratos apetitosos o mais benéfico, entre duas bebidas excitantes a mais condizente com o organismo, entre dois chocolates deliciosos o mais vantajoso para o corpo, assim por diante. Muitos, no entanto, fazem como aquele sujeito que foi comprar cigarro e leu: "Ministério da Saúde adverte: o cigarro produz impotência sexual".

O homem devolveu a carteira e pediu:

- Me dá aquele cigarro que produz câncer.

Como a mente interfere diretamente na saúde do corpo, qualquer pessoa de boa lucidez tomará a decisão de cultivar a mente positiva e alegre.

Se, ao final do dia, você fizesse uma averiguação dos seus pensamentos, sentimentos e palavras, ficaria surpreso com o lixo mental acumulado. Imagine as vezes que terá dito: "Que dia brabo, que cara mais chato, hoje as coisas não vão indo bem, está tudo complicado, os negócios não deslancham, não vou com a cara daquela mulher, que funcionária fofoqueira, aquele sujeito não vale nada, olha aquela maria-sapatão, não aguento essa organização, que notícia mais idiota, aquele corrupto, que pastel de cachorro brabo, minha roupa está feia, não gosto dessa rua, detesto aquele cara... e assim vai. Essa relação jocosa, com certeza é porcentagem minúscula do que você pensa e fala e critica e amaldiçoa e resmunga e xinga e perde a paciência e tem medo e não aceita e reclama e despreza e desiste e se preocupa durante o dia.

Por que digo tudo isso? Porque, na natureza, nada fica impune e nenhum pensamento permanece incólume.

Claro que não estou querendo que você seja um santo. Por sinal, santidade é corruptela da palavra sanidade, que significa saúde. Apenas estou sugerindo que seja positivo e alegre, que amanheça abençoando a vida, que acredite que o bem produz o bem e o mal produz o mal. Estou querendo que faça a festa da vida e enxergue o que há de bom na caminhada do dia. Se sair às pressas, como quem vai tirar o pai da forca, não conseguirá sentir nada mais que seus pensamentos soturnos e apreensivos. Prefira ver e apreciar o sorriso das pessoas, o bom humor das crianças, o encanto das flores, o gesto amável de alguém, o rapaz que está solfejando sua canção preferida, a jovem de cabelos ondulados, o grito instigante do vendedor de jornal, as frutas bonitas da vendedora, o casalzinho jovem que passa conversando animadamente, o motorista que freia o veículo para o velhinho passar, e por aí afora. Com todas essas energias acumuladas a cada instante, esteja certo de que seu corpo agradecerá, a saúde se fortalecerá, o altoastral subirá, as amizades aumentarão, sua aura será atraente e a vida entrará em clima paradisíaco. Isto se chama saúde física, mental, emocional e espiritual.

Não exclame que isso é bobagem.

A saúde é feita de pequenas coisas somadas positivamente.

Não argumente que é difícil.

Desde o momento em que você acorda, acordarão

juntos seus pensamentos. Daí para frente, tudo é questão de escolha e autodeterminação.

Também, não resmungue que não tem tempo para essas coisas.

Você não está gastando nenhum minuto a mais, apenas abrindo os olhos e os sentimentos para o que acontece de bom no dia. Pare de complicar e faça a experiência.

Não se trata de brincadeirinha para quem não tem o que fazer: você está despoluindo a mente e inundando-a de energias benéficas, que atuarão saudavelmente sobre o corpo. Afinal, quem não quer ter ótima saúde?

25

O apressado come cru

Tempos atrás, uma amiga me contou que um senhor saiu às pressas de casa, jogou a pasta de executivo na lixeira e entrou no ônibus com o saco de lixo na mão. Pois é, a pressa faz cada trapalhada!

Diz um provérbio alemão: "Quem queimou a língua nunca se esquece de soprar a sopa".

Já falei sobre a calma. Agora examine a outra ponta: a pressa.

Normalmente, o apressado quer ganhar tempo, chegar primeiro, completar a agenda do dia, produzir mais em menos tempo. Faz-me lembrar aquela mulher que acelerou o carro ao máximo para poder chegar ao posto de abastecimento antes que acabasse a gasolina.

Meu professor de filosofia tinha uma tirada especial:

"Vou devagar porque tenho pressa".

Com certeza, você tem experiência de decisões tomadas às pressas, que deram errado.

Em ciclagem acelerada, o cérebro não tem condições de pensar com eficiência. Conheci vários vendedores que usam a tática de fazer o comprador não ter tempo de pensar: "É o último produto da prateleira, estamos em liquidação, todo mundo quer comprar, o preço vai subir, compre logo que amanhã não haverá mais". Na afobação, o cliente acaba comprando até o que não queria. Muita gente chega em casa e nem sabe porque comprou tal mercadoria.

Tome a decisão inteligente de não comprar nada às pressas. Pense duas vezes. Saia para respirar o ar puro do dia, sente num banco de praça e analise as propostas. Se deixar para o dia seguinte, melhor. Inúmeras pessoas no outro dia não viram nenhuma razão para adquirir tal produto. Estavam sendo levadas na conversa. Não seja daqueles que vendem o sol para comprar uma vela.

Outro inconveniente da pressa é que você pode dizer algo que venha a se arrepender. É bom saber que segredo só existe para uma pessoa. Depois disso, não há mais segredo. É melhor pensar assim.

A pressa também faz errar o alvo.

Quantos acidentes aconteceram por causa da pressa!

Até a comida devorada às pressas tem o dom de produzir alguma indigestão malcriada. E aquele gigantesco sorvo de cerveja que deixou você engasgado?

No outro dia, minha afilhada foi tão afoita para cima de um peixe assado, que um mal-aventurado espinho atravessou-se na sua garganta.

Lembra-se daquela vez que pegou uma caixa de madeira para alcançar o último lance da prateleira e caiu estatelado no chão?

E aquela sua amiga que respondeu aos testes do vestibular tão rapidamente que errou até a capital do Brasil?

Ah, essa pressa danada!

E o pior é que a pressa é amiga íntima do estresse. Quanto mais se corre, mais cedo se chega no céu. Não sei se é essa sua intenção.

A pressa, com raras exceções, é má conselheira e traz maus resultados.

Já vi vários pedreiros terem que refazer suas obras terminadas apressadamente. Queriam ganhar tempo e dinheiro e acabaram perdendo as duas coisas.

Então, vamos combinar: a maneira mais rápida e mais eficiente de fazer qualquer coisa é com calma. Não estou sugerindo que faça o trabalho devagar, quase parando. Nem que o deixe para quando Deus quiser. Estou reforçando a tese de que a pressa é inimiga da perfeição. Lembre o ditado: o apressado come cru. A pressa sacrifica o raciocínio.

Concluindo: o ideal é realizar a atividade tão rapidamente quanto permitirem a inteligência e a saúde, e tão decididamente quanto o exigirem a necessidade e a urgência.

Faça assim e sua vida andará melhor.

26

Quem semeia ventos

Era uma quarta-feira de ventos fortes. Os guarda-chuvas voavam, as nuvens quase tropeçavam nos telhados, as pessoas corriam para encontrar abrigo, a tempestade se aproximava urrando como leão faminto.

Enquanto eu olhava pela janela a indigestão do tempo, lembrei um velho ditado:

"Quem semeia ventos,
colhe tempestades".

Conheci pessoas que não conseguem conviver com a brisa matinal, nem com a aragem do entardecer, muito menos com a calma da noite estrelada. Adoram soprar ventos tempestuosos, esses que arrancam árvores, destelham casas, derrubam muros, arrancam cortinas, quebram copos e pratos. São indivíduos que só sabem criticar Deus e todo mundo. Sempre encontram senões para desvalorizar os elogios que alguém esteja recebendo. "Sim – dizem eles – é verdade, mas também ganhou nota dez porque fizeram a monografia para ela"; "o discurso estava muito legal, mas não foi ele que fez"; "o vestido ficou lindo no corpo dela, mas você não reparou num pequeno remendo na parte anterior do braço"; "ele é de fato um ótimo marido, mas ela não sabe por que às vezes chega tarde da noite em casa".

Tem gente com a língua tão afiada que é capaz de cortar até aço inoxidável.

Falar mal das pessoas só traz prejuízos e nenhuma vantagem. Além de romper a harmonia cósmica.

Se você semeia os maus ventos das críticas acerbas, das falsidades, das mentiras, das ofensas, colherá com certeza tempestades que destruirão seus caminhos. Sim, porque a Lei do retorno diz que o mal jogado contra os outros, retorna multiplicado.

A Lei de que você colhe o que semeia é Lei Universal e acontece sempre, quer você acredite ou não, aceite ou não, vilipendie ou não, conheça ou não.

O Mestre foi muito claro quando ensinou: "Não faças aos outros o que não queres que os outros façam a ti".

O apóstolo Paulo escreveu: "Aquilo que o homem semear, isto também colherá".

Quem semeia ventos, colhe tempestades. São tempestades que perturbam os nervos, atacam o coração, levantam a pressão arterial, prenunciam úlceras estomacais, gastrites, baixam as defesas e, com tudo isso, o estresse vai mostrando suas garras.

Nada mais simples, agradável e recomendável do que cultivar bom coração, ver o lado bom das pessoas, encontrar motivos para elogiar e incentivar.

Há muitos anos, ouvi esta lenda: Ia Jesus andando pela estrada com os discípulos, quando encontraram um cachorro morto. Os discípulos passaram a desancar os defeitos do cão:

- Era um bicho muito raivoso!

- Atacava as pessoas!

- Muito perigoso!

- Reparem as orelhas tortas e o rabo enrustido.

- Olha só, que animal horroroso!

Jesus olhou compassivamente o cão e disse:

- Mas, vejam que dentes bonitos ele tinha!

Enquanto todos descarregavam defeitos, o Mestre revelou uma bela qualidade do animal: dentes lindos.

Elogiar não custa nada e faz tanto bem!

Falar mal, criticar, ofender, é muito estressante e produz mal-estar no próprio ofensor. Além de tudo, gera inimizades, torna a pessoa malvista e companhia desagradável.

Quem semeia guerras, colhe destruição.

Quem semeia alegria, colhe saúde e bem-estar.

Quem semeia amor, colhe carinho.

Quem semeia elogios, colhe bem-querer.

Quem semeia incentivos, colhe sucessos.

Quem semeia generosidade, colhe abundância.

Quem semeia sorrisos, boas mensagens, compreensão, boa vontade, camaradagem, colhe energias positivas.

Elogie. Mas, com sinceridade. Não apenas para agradar, para alcançar algum objetivo, para cumprir uma imposição social ou porque quer obter vantagem. Elogio falso ou insincero faz o feitiço se virar contra o feiticeiro. Que o seu elogio corresponda ao seu pensar, ou seja, signifique a sua verdade!

Há muito que elogiar em cada pessoa. Comece por aqueles que convivem com você. Sem exagerar, que fica mal.

Há momentos ótimos para você semear bons ventos.

Um detalhe psicológico: não faça elogios genéricos, pois não dizem nada, ou muito pouco. Por exemplo, que valor real têm suas palavras quando diz que alguém é o melhor homem do mundo, que ela é a melhor cozinheira da face da terra, que ele é o melhor cantor que já existiu? Só vale como brincadeira, é claro.

Faça elogios específicos, por exemplo: "Este peixe grelhado está excelente, parabéns!" "Seu penteado hoje está irresistível!" "Adorei aquele artigo que você publicou ontem". "Esta roupa ficou ótima em você!" "A sua interpretação de ontem, no teatro, foi fantástica!"

Mas, o que dizer dos que falam mal de você? Não dá vontade de mandá-los para as pontes de Paris? Não lhe dá ganas de apertar-lhes o pescoço? Só que essas atitudes também são estressantes. Tenha em mente que o problema dos outros é problema dos outros. Você não é o que os outros dizem. Ponto final. Se você tiver a sabedoria de pagar o mal com o bem, terá longa vida feliz e saudável. Porque o estresse não habitará seu corpo e você viverá cercado de amigas e amigos.

Permita-me citar aqui o grande filósofo grego Sócrates (470-399ac): "Não penses mal dos que procedem mal: pensa somente que eles estão equivocados".

O elogio é como a sombra: não deixa você nem maior e nem menor; da mesma maneira, a crítica maldosa e a ofensa não deixarão você nem menor e nem maior. Então, não esquente a cabeça, sorria e faça da vida uma festa, aconteça o que acontecer. Você é o que pensa que é.

27

Ladainha do bem-viver

No fracasso, sorria e aprenda a lição.
Na festa, sorria e participe.
Na depressão, sorria e acolha.
Na irritação, sorria e dê um tempo.
Na pressa, sorria e abrande o passo.
Na amizade, sorria e cultive.
Na bondade, sorria e compartilhe.
Na confusão, sorria e ajude.
No desentendimento, sorria e mude de assunto.
Na briga, sorria e saia do fogo.
Na dor, sorria e compreenda.
No fanatismo, sorria e desligue.
Na escuridão, sorria e acenda uma vela.
Na queda, sorria e levante.

Na gafe, sorria e se desculpe.
Na tristeza, sorria e diga que está passando.
Na pobreza, sorria e projete o melhor.
Na solidão, sorria e goste de si.
Na incompreensão, sorria e tolere.
Na doença, sorria e cure-se.
Na perda, sorria e acredite no novo.
No abandono, sorria e diga que você é sua melhor companhia.
No banquete, sorria e seja simpático.
Nas diferenças, sorria e aceite.
Nos mal-entendidos, sorria e brinque.
No grupo, sorria e colabore.
Na competição, sorria e dê o melhor de si.
Na partilha, sorria e seja generoso.
Nos encontros, sorria e abrace.
Nos favores que faz, sorria e esqueça.
Nos favores que recebe, sorria e agradeça.
Na hora de dizer sim, sorria e diga sim, com alegria.
Na hora de dizer não, sorria e diga não, de coração.
Na luta, sorria e arregace as mangas.
No descanso, sorria e solte-se.
No trabalho, sorria e empenhe-se.
Na pausa, sorria e aproveite.
No dinheiro, sorria e use-o.
Na carência, sorria e seja criativo.
No estresse, sorria e relaxe.
No dia-a-dia, sorria e desfrute-o.

28

Fim para a depressão

Já se tem escrito e falado tanto sobre depressão, que você torce a cara e exclama:

- Não tem outra coisa?

Está bem, vamos falar de outra coisa. Deixa a depressão pra lá. Vamos falar daquele desânimo apático que vai entristecendo seu dia e lhe tirando a alegria de viver. Vem dia, vai dia, e essa tristeza não quer ir embora. Então, você se entrega, perde a vontade de fazer até o que gostava, se esconde dentro de casa, não quer nada com ninguém. Enfia-se debaixo das cobertas e espera que a noite passe e leve junto essa tortura.

Seus familiares lhe dão chá de flores de São João, os amigos acham melhor você meter a cara num copão de chope, as amigas receitam chá de urtiga para você poder pular a noite inteira na balada, os colegas têm certeza de que a solução é um churrasco regado com bom vinho, mas você não cria coragem para coisa nenhuma.

Seu pai faz aquela recomendação:

- Meu filho, volta ao trabalho, que tudo passa!

Se o seu desgosto invencível nasceu no trabalho, você pensa que isso é dar mais água para afogado.

Sempre aparece um psicólogo de plantão que lhe receita a última novidade:

- Caminhe ao sol. Você precisa de endorfinas!

De repente, surge o amigo da amiga do amigo, que lhe indica uma simpatia, que é tiro e queda, capaz de ressuscitar até defunto de sétimo dia.

Mas você prefere apagar a luz e ficar a sós consigo mesmo.

Um dia desses, você olha o calendário e vê que essa agonia está durando seis meses e nem dá sinal de desaparecer. O emprego se foi, o dinheiro vai indo, o cansaço está demais, as pessoas já esqueceram você, o sol não brilha mais, o céu tem o tamanho do teto do seu quarto, e você está no limite.

- Quando é que isso termina? – resmunga, com seus botões.

- Quer conversar comigo?

- Não, não tenho vontade. Estou sem assunto. Além do mais, já sei o que você vai dizer.

- Prometo não falar em depressão. Também não vou falar do passado, não vou pesquisar possíveis acontecimentos que poderiam ter causado esse transtorno doloroso. Sequer me atreverei a avaliar a dimensão do seu sofrimento, porque você sabe melhor do que eu. Seria idiotice dizer ao afogado que o problema dele é ter bebido muita água. Seria besteira dizer a quem está com indigestão que a comida lhe fez mal. Pior ainda é constatar que a causa da dor de cabeça é porque a cabeça está doendo.

Não vou falar em depressão, para não cair no óbvio ululante, como no caso dessas tiradas que recebi por e-mail.

***

Você está deitado, na cama, a luz apagada, e perguntam:

- Está dormindo?

- Não, estou treinando pra morrer.

***

Você chega à casa da namorada com um buquê de flores e ela diz:

- Flores?

- Não, são cenouras.

***

Você chega ao banco com um cheque e pede pra trocar.

- Em dinheiro?

- Não, me dá tudo em clipes e borrachinhas!

***

Você chega no posto e estaciona o carro diante da bomba de gasolina e o frentista indaga:

- Gasolina?

- Não, enche com tinta esferográfica.

***

Você está diante do elevador da garagem do prédio, chega um e pergunta:

- Vai subir?

- Não, estou esperando meu apartamento descer.

***

Você acaba de levantar, aí alguém pergunta:

- Acordou?

- Não, sou sonâmbulo.

***

Então você leva seu radio ao técnico e ele diz:

- É pra conserto?

- Não, ele tava cansado de ficar em casa e eu o trouxe para passear.

***

A chuva cai torrencialmente, você vai sair de casa, e alguém tem que perguntar:

- Vai sair nessa chuva?

- Não, vou sair na próxima!

***

Conseguiu achar graça? É um teste jocoso para avaliar o tamanho da sua depressão, quero dizer, tristeza.

Um dia, visitei um deprimido e comecei a contar-lhe algumas piadas. O homem não gostou:

- Eu aqui deprimido, com cara de cemitério, e vem você gozar da minha cara? Onde é que está o diabo do respeito?

É que estava procurando aplicar o conselho que aprendi de um livro: "Se nos encontrarmos com uma pessoa deprimida, antes de dar conselhos graves e explicações pertinentes sobre o que está ocorrendo, às vezes a melhor forma de ajudá-la é fazer rir. O humor, com sua irracionalidade, tem algo essencial que ajuda o desbloqueio psicológico". (Endorfina, a Droga da Felicidade. Jack Lawson).

Uma vez, o Gerosino, conhece o Gerosino? Não conhece? Nem eu. Pois o Gerosino andava por demais deprimido e, a muito custo, resolveu sair a caminhar pelas ruas, numa tarde ensolarada. Dobrou uma esquina e viu o cortejo de um enterro. Aproximou-se de um homem e perguntou compungido:

- Quem é o morto?

- O que está dentro do caixão – respondeu o outro.

- Do que foi que ele morreu?

- Deixou de respirar e caput!

Como não há no mundo sujeito mais curioso que o Gerosino, mesmo com depressão e tudo, tornou a indagar:

- Estão levando pro cemitério?

- Não – respondeu o homem irritado – ele está passeando pela cidade, brincando de defunto!

O Gerosino mergulhou na sua depressão, achando que o mundo é mau, as pessoas não o entendem, e seguiu em frente. De repente, viu um pedreiro cair do alto de uma construção. Um bando de curiosos se aglomerou em torno do pedreiro estatelado. Aí o Gerosino não se conteve:

- O que aconteceu?

O pedreiro, com um fiapo de voz:

- Não sei, acabo de chegar.

O Gerosino seguiu sua caminhada e parou diante de uma placa que avisava: "Se for dirigir, não beba. Se for beber, me chame". Teve vontade de parar para ver se alguém o chamaria.

Passou diante de uma igreja e leu o cartaz afixado na porta: "Se você está cansado de pecar, entre". Embaixo, alguém escreveu: "E se não estiver cansado de pecar, me ligue, fone 12020349AB4858".

De repente, passou um caminhão tamanho-família e ele pôde ler no parachoque: "Os homens mentiriam menos se as mulheres fizessem menos perguntas". E assim foi seguindo o Gerosino, tentando digerir sua depressão.

Sei que você não teve a menor intenção de rir. Também, com essa depressão! Depressão? Falei em depressão? Não, nada disso, quero apenas me reportar à sua apatia mesclada com desânimo sem fim e sem fundo.

Pois é, nessa situação em que você se encontra, a regra número um é esta:

* **Não leve a vida tão a sério.** Sabe Deus o que aconteceu com você – desemprego, fracasso, amor desfeito,

perda de dinheiro, fama dcsabada, ameaças, assalto – e a sua vida afundou. Está bem, mas por que dar tanto valor ao que lhe aconteceu? Não seria melhor dar uma baita gargalhada em cima do prejuízo e partir para outra?

Brigite Bardot, famosa estrela de Hollywood, disse: "Já cometi muita estupidez e pretendo continuar assim. É isso que faz a vida valer a pena".

Se a sua tristeza é provocada por morte de pessoa querida, já que não há solução, está tudo solucionado. Não queira segurar a pessoa que partiu. Deixe-a com Deus, que sabe melhor do que você dar-lhe felicidade. Você não nasceu grudado em alguém, por que quer prender esse ente querido em sua vida? Distraia-se, mantenha a mente ativa, dedique-se a uma atividade gostosa intensa e encontre novas fontes de alegria e bem-estar. Só para desanuviar sua mente, vou citar-lhe uma frase que li num azulejo da cidade de Sobreiro, em Portugal: "Goza a vida enquanto estás vivo porque vais permanecer muito tempo morto".

* **Regra número dois. Você não é exceção.** É bom saber que todas as pessoas do mundo cometeram e cometem gafes, bobeiras, fiascos, quedas, e têm perdas familiares. Também não é tolice você reconhecer que todas as pessoas do mundo se viram diante de imprevistos difíceis e desmoralizantes. Por que você quer ser exceção?

Perfeccionismo não faz bem, pois deixa você muito ansioso e estressado. Complexo de culpa, de inferioridade, e medo de rejeição, no fundo, são resquícios de soberba. Veja esportivamente suas trapalhadas. Elas não diminuem sua grandeza e, por outro lado, ajudam-no a compreender-se e a compreender os outros. Ninguém é anjo caído do céu. Nem você. De mais a mais, uma dose de humildade faz bem à saúde.

***Regra número três: Foi apenas uma mensagem necessária.** Não sabe que todas as coisas, todos os eventos, todas as situações, todos os sofrimentos, concorrem para o aprendizado da vida? Só não aprende quem não quer aprender. Negando-se a pensar, rejeitando as lições dos fatos, você ficará patinando sabe Deus quanto tempo.

Se a sua situação desoladora continua, não será porque você não conseguiu ler a lição? Como quer que a vida lhe passe a lição seguinte se ainda não aprendeu o significado da primeira?

Creso foi o último rei da Lídia, (560-546 ac). Perdeu a guerra contra Ciro II da Pérsia, foi feito prisioneiro e deposto. É atribuída a ele esta frase: "A calamidade tem sido minha professora".

Dizem que é do Dalai Lama esta frase: "Se perdeu, não perca a lição".

***Regra número quatro: Abra outra porta.** Todo fato doloroso é uma porta que se fechou na sua cara. Até Deus às vezes fecha a porta, por exemplo quando da morte de um ente querido.

Ficar de pé, diante da porta fechada, não é muito inteligente, concorda? Enquanto você fica parado junto da porta fechada, jamais poderá ver outra porta se abrindo. Na vida é assim: quando uma porta se fecha, outra se abre. É a Lei da compensação. Ao invés de teimar em abrir a porta fechada, entre logo na outra que se abriu, pois aí é o seu caminho.

***Regra número cinco: Você não é o episódio.** Entenda que você não é o episódio. Seria ridículo querer comparar sua vida, construída ao longo de tantos anos de estudos, amores, prazeres, reconhecimentos, amizades, realizações, conquistas, ganhos, êxitos, eventos alegres, festas, sacrifícios, com esse fato que desmontou você e o jogou na cama. Não queira trocar seus sonhos por arrependimentos. O que passou passou, a vida é para frente. Abra uma nova página em branco no livro da sua vida e escreva o que quer ser daqui para frente.

João XXIII, papa, (1881-1963), disse: "Não devemos confundir o erro com quem comete o erro". É verdade: você pode ter cometido um erro, mas não é esse erro, apenas pensou que era, e se equivocou. Saia dele logo, logo.

Olhe-se no espelho e diga-se: "Eu valho mais que qualquer episódio da minha vida. Eu não vendo minha vida por nenhum acontecimento isolado. Tiau pra ti, Tristeza!"

***Regra número seis: Nada está perdido. Esta é a hora da virada.** No outro dia, li essa frase, não sei de quem: "Por maior que seja o buraco em que você se encontra, sorria porque, por enquanto, ainda não há terra por cima". Isso mesmo. Sei que suas emoções querem apagar sua mente, o coração quer invadir os espaços do cérebro, mas esta é a hora da virada.

No primeiro tempo da partida, você levou um banho

de bola, encheu-se de vergonha, não quer nem mais voltar a campo, com medo das vaias. Mas, tem o segundo tempo, a hora da virada, a chance de dar a volta por cima, reverter o placar, vencer e ouvir os aplausos do mundo.

Prefere entregar os pontos, ficar sentado no escuro da vida, fugir da raia, ou sacudir a poeira, incendiar seus brios, buscar a revanche, dar tudo de si, enfrentar seus medos, e vencer?

Folheie qualquer livro de história, converse com artistas de cinema e televisão, entre na vida de grandes milionários, vasculhe a intimidade de famosos escritores e músicos, e perceberá que todos passaram por situações difíceis como estas que você está vivendo. Se eles superaram, por que você não?

Olhe as pessoas ao seu redor e notará que ninguém é mais do que você. A diferença está exatamente na reação de cada indivíduo diante dos eventos da vida.

***Regra número sete: Você é o melhor prozac.** Espere aí, não feche o livro. Sei o que está pensando. Calma, tudo o que a medicina pode oferecer-lhe para minorar seu sofrimento é ótimo. Está na bíblia que Deus criou o ser humano para continuar a obra da criação do mundo. Os Institutos, Universidades, Centros de estudos, Laboratórios, com seus fantásticos pesquisadores, estão buscando descobrir o melhor para a criatura humana. Seu médico está lhe passando a receita que considera ideal para você. Isso é mais do que louvável.

Vamos por partes: depressão, apatia, tristeza sem

fim, desânimo, são palavras que têm a ver com a mente. Pílulas, comprimidos, remédios, são químicos, por isso tem a ver com o cérebro, ou seja, o corpo. Esses produtos mudam momentaneamente sua conduta, produzindo euforia, ou calma, ou sonolência, ou impulsividade, ou estímulos. Mas o seu problema se situa na mente: apatia, tristeza, desânimo, depressão. O corpo acompanha seu estado mental, emocional e espiritual. Sim, porque a vida do corpo é a mente. Se retirar a mente do corpo, o que acontece? Estaremos diante de um cadáver, que não reagirá a nenhum comprimido, injeção ou cirurgia.

Será que há comprimidos capazes de mudar sua mente, suas crenças, sua espiritualidade, seus sonhos?

Pense nisso. Talvez descubra que a cura está dentro de si e que basta ligar o motor.

Se sou contra as receitas psiquiátricas?

De forma alguma. Tudo que possa minorar o sofrimento, sem danos maiores, é importante, pois a essência humana não é o sofrimento, mas a felicidade. A medicina psiquiátrica quer ajudar você a aliviar seus sofrimentos, que são terríveis, e a encontrar a solução definitiva para o seu mal. Maravilha! Quanto menos a pessoa se ajuda, mais necessitará de ajuda especializada.

Sofrimento é efeito de alguma causa. Para suprimir o efeito, suprima-se a causa. Mas, como quererá alguém matar um mal atirando em outro alvo ou, por outra, como poderá um comprimido, que é matéria, acabar com uma causa mental?

Há duas maneiras de resolver o problema: primeira, pesquisando a causa da depressão e, uma vez detectada, mudando de atitude. Conhecendo o inimigo, saberá a melhor estratégia para vencer a guerra.

A segunda maneira parte do pressuposto de que você ignora a causa do seu mal, não tem ponto de referência. Não se perturbe, há outro caminho que também vale: a partir do efeito desejado. Pelo efeito almejado, você saberá qual a nova causa a ser programada na mente. Mal comparando, houve um curtocircuito no seu quarto, a lâmpada queimou e você ficou no escuro. Você pode descobrir a causa do curtocircuito, reparar o problema e ligar a luz, ou então acender outra lâmpada. A sala ficará iluminada da mesma maneira.

Qual é o efeito que você quer que aconteça nesse momento da sua vida? O que você pretende?

Posso responder sem erro: você quer voltar a ser alegre, feliz, positivo, animado, cheio de energia, com garra e ganas de subir ao pódio dos seus ideais e projetos. Você quer despontar belos sorrisos, acreditar em si, ter autoestima alta, retomar a caminhada interrompida e criar nova vida exitosa.

Sinceramente, você é pessoa maravilhosa. Que está esperando para começar o melhor da sua vida? Você pode!

Mesmo deitado na cama, feche os olhos, relaxe, respire calma e profundamente várias vezes, e mentalize repetidamente: Eu sou alegre, eu sou muito alegre. Deixo o passado no passado, porque a vida é hoje, aqui e agora. E determino que a partir de agora eu sou alegre, cheio de energia física, mental e espiritual. Dentro de mim há um poder infinito que rompe a apatia e eleva minha mente para novos horizontes positivos e fortalece meu corpo para sair a conquistar meus desejos. Sou guiado divinamente para a realização desta nova etapa da minha vida. O que eu quero é isto: (Alinhe seus desejos para começar o melhor da sua vida. Agradeça. Abra os olhos).

Repita essa mentalização ao acordar, algumas vezes durante o dia, à noite quando vai dormir, até que essa verdade ganhe força no seu interior.

***Regra número oito: Queira sair do fundo do poço.** Reconheço que estou falando com você no momento errado, justamente quando sua apatia alcança o ponto máximo e o espírito de luta está quase a zero. Não importa. Quanto mais no fundo do poço você estiver, melhor, já que mais para baixo não poderá ir. E significa que agora tem um ponto de apoio para subir: o chão.

A boa notícia é que você quer sair dessa. Afinal, ninguém quer morar no fundo do poço por vontade própria. Aqui vai bem aquele conselho ingênuo: "Se caiu, levante!" Sim, pode perder a paciência e berrar a plenos pulmões: "É claro que quero levantar, mas como?"

Ótimo! Você reagiu. Esse é o primeiro passo. Sem esse, o resto não acontece.

Querer levantar, sair dessa situação, vale medalha de bronze. Medalha de bronze, na olimpíada da vida.

Você acaba de ganhar uma medalha muito importante: bronze. Palmas!

Diz o povo que querer é poder. Na ciência do poder da mente, o desejo é impulso poderoso direcionado a uma meta específica. Richard Bach escreveu: "Você nunca recebe um desejo sem também receber a capacidade de torná-lo realidade". (Ponte Para o Sempre).

Li, certa vez, num livro de Catherine Ponder, que o "desejo é Deus batendo à porta da nossa mente". Deus bateu à sua porta, avisando que sua essência é felicidade e por isso é fundamental que se reencontre consigo mesmo. E você acatou esse desejo. Medalha de bronze.

***Regra número nove: saiba como sair dessa situação.**

Quer ganhar medalha de prata, na luta contra a depressão?

Então, em frente.

Prepare-se para a medalha de prata. Ganhará essa medalha se souber como levantar-se. Esse é o momento do aprendizado. Aqui vale o conhecimento. Não adianta desejar dirigir seu carro, se não sabe como. Conhecimento. Não resolve querer fazer como aquele sujeito que, cansado de tantos gastos na sua granja, resolveu fazer uma cruza de cavalo com vaca. Não deu certo: não dava leite e nem puxava carroça.

Vou dar-lhe uma resposta ingênua: a maneira de sair dessa prostração é ligando o motor. Isto significa que não adianta saber tudo sobre apatia, tristeza, desânimo, depressão. Precisa saber ligar as energias, o motor, a força interior, o arranque.

A primeira providência é mudar as crenças e os padrões negativos de pensamentos. Quase todos os desejos das pessoas esbarram em crenças negativas de carência, de impotência, de péssima autoestima, de menos-valia. Motor travado.

Mude. Sua vida vai para onde se dirigirem seus pensamentos acreditados. Assim aconteceu até agora e assim será daqui por diante. Se continua a pensar como o fez até agora, vai continuar ocorrendo o que está vivenciando nessa fase da vida. Mude. Nesse instante. Não deixe para depois.

Pare um pouco essa leitura, concentre-se, feche os olhos, relaxe e imagine a maior guinada da sua vida. Visualize a vida como a deseja, em estado de alegria, altoastral, felicidade, sucesso, abundância, muito amor. Veja nitidamente essa nova realidade. Entusiasme-se. Alegre-se. Acredite. Agradeça. Pode usar o modelo da regra número sete, se quiser.

Joseph Murphy escreveu, com sabedoria: "Mantenha-se mentalmente absorvido pela realidade dos seus desejos, para que possa vê-los adquirirem forma material em sua vida".

Não diga que não tem força para mentalizar. Faça-o deitado na cama mesmo. Pensar não cansa e não exige trabalho. No entanto, é a grande força que move o mundo.

Feito?

Muito bem, medalha de prata para você.

***Regra número dez: ação.**

Quer levar a medalha de ouro?

Saber é prata, ação é ouro.

É preciso sair da inércia. Barco parado não ganha frete – diz o ditado. Água estagnada não toca moinho – se falava antigamente.

Agora você sabe que é preciso ligar o motor, pois nele está a força, que tira do atoleiro, arranca para frente e abre caminhos.

Ação. Mãos à obra. Já.

Levante-se, tome um banho quentinho, gostoso, perfumado, vista a roupa que mais adora, os sapatos que comprou para momentos especiais, vá ao cabeleireiro para dar um trato nos cabelos, e saia a caminhar, passear no shopping, visitar amigos, ver um filme. Se tiver ânimo suficiente, entre num restaurante com pessoas que ainda gostam de você. Ação.

Medalha de ouro à vista. Arregale os olhos.

- Mas, eu sou homem – dirá você.

- Muito bem, tome um banho a capricho, use o perfume nota dez, vista-se com aquela roupa que lhe deixa trinta anos mais jovem, arrume os cabelos, ponha sapatos de marca, ensaie os velhos sorrisos, e saia por aí, festejando seu renascimento.

Nada mau, depois de tanto tempo em casa, percorrer um shopping, enfrentar um restaurante com amigos e deliciar-se num prato especial, prelibando uma bebida gostosa. Mesmo que fique sem vontade de conversar, ouça o papo dos amigos e sorria sempre que puder.

Dizem – e eu concordo – que o sorriso é a maneira mais barata de melhorar a aparência.

Ação. Medalha de ouro. Você fez o mais difícil, ganhou mais pontos do que se fizesse cambalhotas olímpicas no cavalete, saltos simétricos nas barras e ginástica acrobática no solo. Medalha de ouro.

Parabéns! Palmas. Flores. Hino nacional. O seu hino nacional é a sua música preferida. Desfrute essa brilhante e heróica conquista com seus familiares e pessoas amigas.

Regra número onze: O caminho. Você ligou o motor e arrancou com toda força disponível. Ótimo!

Não perca o vento e a onda a seu favor: olhe para frente, encontre o eixo da sua vida, retome seu sonho, acredite nele, incendeie-o com o fogo do entusiasmo e continue a caminhada. Seja claro e definitivo.

Não se preocupe com o emprego perdido, o dinheiro gasto, o tempo parado, a vida em compasso de espera.

Mas, fique alerta, que seu cérebro, acostumado com as ideias negativas e pessimistas nele gravadas, vai continuar a repassá-las a você por uns dias, até que perceba a nova programação. Cérebro é computador. Se deixar um programa no seu computador, ele ficará ativo até por mil anos. Se, entretanto, criar nova programação nesse instante, o programa milenar desaparecerá.

É assim mesmo. Não desanime. Mantenha a certeza absoluta de que sua verdade é essa nova vida. E assim será, sem dúvida nenhuma.

Muito bem!

Estou convicto de que você está determinando assim:

> *"Agora eu sou alegre, feliz, agradável, positivo, animadíssimo.*
>
> *Sinto-me em perfeita saúde física, mental, emocional e espiritual.*
>
> *Estou atraindo para mim a vida e a atividade que mais quero, com o entusiasmo que mais tenho, com o sucesso que mais desejo, com a recompensa financeira que mais aspiro, no ambiente que mais desejo trabalhar e viver".*

Relembre a mentalização anterior em que imaginou a vida e a atividade que deseja, e sinta-se em estado de alegria, altoastral, felicidade, sucesso, abundância e muito amor. Visualize nitidamente essa nova realidade. Não tenha pressa. Entusiasme-se. Acredite. Agradeça. Mantenha firme na mente essa verdade. Repita-a muitas vezes, até solidificar-se.

Caminhe nessa direção e deixe a mente e o coração abertos para as vibrações que o conduzirão ao lugar ambicionado.

Se você é pessoa espiritualizada, não deixe de rezar para que isso aconteça logo, mesmo que seja necessário um milagre, pois, como dizia o Mestre: "tudo é possível àquele que crê!

29

Brincando com expressões comuns

Tempos atrás, uma amiga me desafiou:

- Você poderia solucionar o estresse apenas usando expressões pitorescas e jocosas?

- Posso – respondi-lhe.

E passei a enumerar algumas expressões conhecidas:

Não esquente a cabeça. Deixe as águas rolarem. De cabeça quente, só pode sair faísca. Fique calmo. No fim, tudo dará certo; se ainda não deu certo é porque não chegou ao fim. Cabeça quente estressa. Esfrie o cérebro antes que ele ferva emocionalmente. Desvie a atenção para outro foco.

Nada como um dia depois do outro e uma noite

no meio. Dê tempo ao tempo. Não se afobe. Deixe espaço para pensar com tranquilidade, para relaxar. Uma noite bem dormida ajudará a tomar decisões inteligentes.

O apressado come cru. Não seja impulsivo. Comece comendo o mingau quente pelas beiradas. Não tome decisões afoitas, mas use o tempo necessário para amadurecer as idéias a respeito dos seus interesses.

Não adianta chorar o leite derramado. Aconteceu, aconteceu. Ficar lamentando o ocorrido e os prejuízos é gastar vela em mau defunto. Use a inteligência, a fé, a paz, e a força de vontade para adquirir outro pacote de leite, isto é, para recuperar o que se foi. Não existe apenas um pacote de leite no mundo. Arregace as mangas e saia em busca do paraíso perdido. O mundo está sempre de braços abertos para atender seus desejos. Não se estresse. Tudo dará certo.

Calma e caldo de galinha não fazem mal a ninguém. Em estado de calma, a mente e o cérebro trabalham melhor e a inteligência encontra espaço para se manifestar a respeito das atitudes a tomar.

Tire o estopim da bomba. Analise tranquilamente o fato, por pior que lhe pareça. Ao invés de deixar a bomba explodir, tire o estopim, ou seja, evite que se consuma o prejuízo total. Em discussão ferrenha e briga de casal, por exemplo, tirarão o estopim da bomba dando-se tempo de intervalo para retomar o assunto algumas horas mais tarde ou no dia seguinte. Às vezes, a bomba é imaginária, mas a pessoa, supondo que seja real, comete atitudes impensadas, que geram desgraça maior.

Se você tem razão, por que brigar? Se você não tem razão, por que brigar?

Não está morto quem peleia. Não desista dos seus sonhos. Não entregue as armas. Se anda estressado, desanimado, faça aflorarem energias internas e cuide da sua vida. Se for necessário, peça trégua a si mesmo, e, então, retome com entusiasmo e inteligência seu projeto.

Quem gosta de passado é museu. Não fique travado nos acontecimentos passados. A vida é hoje, aqui e agora. Ficar revolvendo o passado é altamente estressante. Liberte-se e viva o dia de hoje. Venha, que a vida é aqui.

A vida é uma festa, aconteça o que acontecer. Quem adota essa filosofia de vida, não tem como se estressar. As tensões são superadas pela índole alegre, as dificuldades não carregam hormônios estressores, e os problemas são encarados como eventos comuns do dia-a-dia.

Fazer da vida uma festa é questão de hábito e de inteligência. O hábito fará ver a vida pelo ângulo positivo e otimista, o que produzirá efeitos altamente benéficos no amor, na economia, no trabalho, no relacionamento. E a inteligência permitirá concluir que ficar amarrado nos transtornos e imprevistos é perda de tempo e de energia.

Há os que buscam problemas em cada solução e há os que buscam solução em cada problema. Até seria bom lembrar aquela frase usada nas igrejas: "Não diga: Deus, tenho um grande problema, mas, problema, tenho um grande Deus!"

Se você fizer da vida uma festa, a humanidade e o universo lhe serão sempre gratos. E seu corpo o recompensará com bela saúde.

30

Então tudo bem

Viver a vida. Sem estresse.

Dois projetos que fazem parte da agenda existencial de qualquer ser humano.

Viver a vida significa sentir-se bem e desfrutar todos os instantes da caminhada nesse planeta maravilhoso.

Françoise Sagan, (1935-2004), escritora francesa, célebre desde seu primeiro romance, escreveu: “Para mim, a felicidade é, antes de tudo, sentir-se bem”. Por sinal, “sentir-se bem” foi o verbo que usei na definição de felicidade.

Viver a vida é manter a mente positiva, o corpo saudável, o coração efervescente e o espírito no comando geral.

Viver a vida é dar mais importância ao que é mais

importante e menos importância ao que é menos importante. Por outras palavras, é manter equilíbrio diante de qualquer situação, e deixar para lá o que, no fim das contas, não lhe diz respeito e não acrescenta nada ao seu bem-estar.

Viver a vida é saber que riqueza não faz ninguém mais feliz e nem mais infeliz, porque felicidade é estado mental, independe do mundo material. Sendo feliz, busque a abundância material que deseja.

Viver a vida é saber que o mundo material é ótimo, possibilita realizar os projetos ambicionados, facilita muitas coisas, produz prazer e euforia. Não dê importância àqueles que condenam a riqueza simplesmente porque alguns ricos a usam mal. Seria o mesmo que deixar de utilizar o automóvel porque alguns provocaram acidente.

Viver a vida é saber que o melhor, o mais necessário e o mais essencial, é encontrado na mente, no coração e no espírito, isto é, dentro.

Viver a vida é cortar amarras, preconceitos, crenças negativas, fixações nefastas, dependências, e seguir em frente, acreditando que, melhor do que hoje, só amanhã.

Viver a vida é absorver plenamente a verdade ensinada por Jesus de que é preciso ser como as crianças para entrar nos domínios da felicidade e da saúde. A criança é paradigma de simplicidade, alegria, espontaneidade, carinho, amor, brincadeira, confiança, fé, ingenuidade, crença em Deus, esquecimento imediato de brigas e ofensas, resignação, desfrute do momento, encantamento pelo universo dos sonhos, fantasias e utopias. O mal do adulto é carregar sombras, manter o passado nos ombros, dar vida a fatos que não existem mais, não perdoar, colocar ódios e mágoas na geladeira para não perecerem.

Viver a vida é cultivar alegria, sorrisos, positivismo, otimismo e fazer a festa de cada dia, aconteça o que acontecer.

Viver a vida é deixar de se comparar com os que têm mais, com os que fizeram mais sucesso, com os que são mais bonitos, com os que são cortejados socialmente. Você é você. Os outros são os outros. Cada um tem sua luz própria. Olhe para si, veja seu fantástico universo, goste de si, faça declaração de amor a si mesmo, ao invés de invejar ou comparar-se. Nada mais fácil do que se enganar sobre o tamanho da felicidade dos outros. Muitos estão pensando que você sim é pessoa maravilhosa e feliz.

Anos atrás, estava realizando Jornada da Mente em Governador Valadares e um senhor comentava comigo sobre o tema da riqueza. Disse-me que tinha uma fazenda com mil cabeças de gado e, por causa disso, as pessoas o consideravam um felizardo.

Observou-me:

- Pois é, as pessoas veem os tragos que eu bebo, mas não veem os tombos que eu levo.

Usou essa analogia para dar a entender que muitos gostariam de estar na pele dele pelas aparências de riqueza que ele ostentava.

Viver a vida é colar na testa três palavras: "Hoje, aqui, agora". Poucos descobriram que só têm que lidar com o hoje, o aqui e o agora. O resto não existe. A maioria das pessoas está fora de si, porque não vive o hoje, o aqui e o agora. Uma boa parte da humanidade não passa de um exército de fantasmas presos ao passado, principalmente ao passado que os fez sofrer, odiar, carregar mágoas ou vergonha. Que desperdício de tempo, de dinheiro e de vida! Outra grande porcentagem de viventes está flutuando no futuro, um mundo inexistente. E por ele deixam de viver o único momento existencial, que é o aqui e agora.

Conta Michel de Montaigne, escritor e ensaísta francês, (1533-1592), que, "quando o rei Pirro se preparava para conquistar a península itálica, seu conselheiro Cíneas tentava convencê-lo da inconsistência e dos riscos do seu projeto.

- Senhor, qual o objetivo do vosso grande empreendimento? – perguntou Cíneas.

- Tornar-me senhor da Itália – respondeu Pirro.

- E depois? – insistiu o conselheiro.

- Depois subjugarei a África e, no fim, quando tiver conquistado o mundo, descansarei e viverei como quiser.

- Por Deus, senhor – disse o sábio Cíneas – o que vos impede de realizar desde já essa vossa aspiração, poupando-vos de guerras e riscos?"

Não estará você também esperando viver a vida mais tarde, quando estiver aposentado, com casa, carro, chácara, e alguns milhões na conta?

Só há uma maneira de viver a vida: hoje, aqui e agora.

É o que lhe desejo de todo coração.
Então, tudo bem.

ÍNDICE

*****

Anotações pessoais

Anotações pessoais

GRÁFICA EDITORA
Pallotti
IMAGEM DE QUALIDADE
Santa Maria - RS - Fone/Fax: (55) 3220.4500
www.pallotti.com.br